가상칠언

그 의미와 적용

세계복음화문제연구소
(The World Evangelization Research Center)는
한국 교회가 세계 복음화를 위하여
한 모퉁이를 담당해야 된다는 사명으로 사역하고 있습니다.

이 도서에 실린 모든 내용은
세계복음화문제연구소의 **도서출판 세 복**이 그 출판권 자이므로,
학문적 논문의 인용을 제외하고는
본 **연구소**의 동의 없이 복제할 수 없습니다.

가상칠언 그 의미와 적용

지 은 이 아더 W. 핑크
옮 긴 이 전현주
발 행 인 홍성철
초판 1쇄 2006년 10월 25일
초판 6쇄 2023년 3월 30일
발 행 처 **도서출판 세 복**
주   소 경기도 파주시 문발로 123
         전화: 070-4069-5562
         홈페이지: http://www.saebok.net
         E-Mail: werchelper@hanmail.net
등록번호 제1-1800호 (1994년 10월 29일)
총 판 처 솔라피데출판유통
         전화: (031) 992-8691, 팩스: (031) 955-4433
I S B N   89-86424-89-4   03230

값 8,000원

ⓒ **도서출판 세 복**

가상칠언

그 의미와 적용

아더 W. 핑크 지음

전 현 주 옮김

도서출판 세 복

The Seven Sayings of the Saviour on the Cross

Arthur W. Pink

목차

십 년 전 처음 사역을 시작했을 때, 우리 세대의 다른 많은 사역자들처럼 나 역시 아더 핑크(Arthur W. Pink)의 책에서 많은 도움을 받았다. 하나님의 말씀을 경외하고, 예수 그리스도를 높이길 갈망하며, 실제적인 순종을 강조했던 모든 것들이 말씀 연구와 설교, 개인 생활에서 균형을 맞추어 나갈 수 있도록 내게 도움을 주었다.

"만일 우리가 '성경공부'를 하면서 내면과 외면적으로 그리스도의 모습을 따르지 않는다면, 그 성경공부는 우리에게 아무 유익이 없다"라고 핑크는 말했다. 그는 절친한 친구에게 자신이 출판한『성경연구』(Studies in Scripture)에 실린 글들은 "[그] 자신의 마음을 모루대에 마구 두들겨 고심한 끝에 다듬어진" 것이라고 말했다. 그는 수년 동안 출판 일을 하면서 항상 필요한 재정을 공급하시는 주님을 신뢰했고, 설교와 글을 준비하면서 신학에 관련된 글을 백만 장도 넘게 읽었다고 주장했다. 그는 확실히 예전의 청교도 신앙에 대해 특별한 애정을 갖고 있었다. 그의 아내는 이렇게 말했다. "남편은 실제로 청교도입니다. 종종 자신은 시대를 이삼백 년을 거슬러 올라간 사람이라고 말했죠." 그러나 말씀을 적용하는 데 있어서는 시종일관 매우 현대적이었다.

핑크는 우리에게 성경을 신뢰하라고 가르쳤다. 그는 독자들에게 권면한다. "하나님께서 당신에게 주신 자리에서 당신의 의무를 다하십시오. 휴경지를 개간하고 씨를 뿌리십시오. 비록 당신의 생전에 열매가 없을지라도, 엘리사 같은 이가 당신의 뒤를 이어 추수하게 될지는 아무도 모르는 것입니다."

나는 목회와 라디오 방송 사역을 하면서 예수님이 십자가에서 말씀하신 일곱 마디를 본문으로 자주 설교했었다. 이 책은 내게 큰 도움이 되었을 뿐만 아니라 수십 년 동안 그리스도인들을 가르치고 격려해 온 것을 알고 있다. 핑크는 말씀을 사건의 정황 속에 비추어 이해하고, 유사한 말씀들을 연결시켜 설명하고 나서, 일상 생활 속에 적용한다. 1952년에 그는 "성경은 스스로 설명한다"라는 마지막 말을 남기고 숨을 거두었다. 성경의 진리를 이해할 수 있도록 많은 저서들을 남기고 간 그에게 진심으로 감사한다.

워렌 위어스비 (Warren W. Wiersbe)

아 서 핑크는 성경 주해(註解)의 거장이었다. 성경 본문을 주의 깊게 파고들어 참된 의미를 속속들이 밝혀내고, 교리의 미묘한 차이점들까지 설명하며, 그가 발견할 수 있는 개인적인 적용들을 빠짐없이 찾아냈다. 항상 마음에서 우러난 확신과 설득력 있는 통찰로 글을 썼다. 그는 따뜻하고 긍정적이면서도 대담하고 명쾌했다.

이 책은 그의 저서 중에서 내가 오랫동안 아끼던 책이다. 그는 그리스도에 관한 저술에 탁월했다. 그리고 그 중에서도 그리스도께서 십자가에서 죽으셨음을 가장 주도면밀하고 철저하게 그저 수긍할 수밖에 없도록 썼다. 이 책은 구주가 남기신 마지막 말씀을 통해 십자가의 의미를 상세히 설명하고 있다. 그리하여 극한 고통 가운데 계신 그리스도를 어렴풋이나마 알게 되는 깊은 감동을 맛보게 된다. 각 장이 모두 주옥같다.

핑크의 접근법은 문학과 설교의 양식을 솜씨 좋게 조화시킨 것이다. 예수님이 말씀하신 일곱 마디를 각각 일곱 논지에서 상세히 설명했는데, 그 모든 것이 성경 본문에 있는 그대로 이끌어낸 것이다. 이 책은 복음을 처음부터 끝까지 알기 쉽게 설명하고 있어서 믿지 않는 사람들에게 그리스도의 고난이 지니는 진정한 의미를 소개하기에 좋다. 그러나 이 책에는 어느 누구의 영적 욕구라도 만족시킬 만한 충분한 내용이 담겨 있다.

『가상칠언 그 의미와 적용』은 이제 쉰 살이 거의 다 되어가지만 그 어느 때보다도 관심의 대상이 되고 있다. 최근에 십자가 처형 이야기를 다룬 영화, 책, 텔레비전 프로그램들이 홍수처럼 쏟아지면서 십자가 처형에 대한 대중의 관심은 사상 최고로 높아지고 있다.

그렇지만 오늘날 많은 그리스도인들은 십자가 처형의 의미에 대하여 매우 혼란스러운 것 같다. 대속의 교리가 지금 포스트모던 시대에는 너무 케케묵은 게 아니냐고 이따금 복음주의적인 지도자들이 소리 높여 문제를 제기하는 것을 듣는다. 심지어 어떤 사람들은 그리스도가 죄 값을 치르기 위해 고난을 받았으며, 아버지의 뜻에 순종하려고 고난을 감당했다고 가르치는 것은 지나치게 가혹해 보인다는 불평도 했다. 하다못해 인기가 좋았던 어떤 기독교 책은 십자가 처형을 "포괄적인 아동 학대"에 비유했다.

아마도 아더 핑크는 기겁을 했을 것이다. 그는 그런 식의 위선적인 양심의 가책은 없었다. 단지 현대 문화의 입맛에 맞추려고 십자가의 고난을 낮추려는 생각은 분명히 없었다. 예수님이 아버지께 "어찌하여 나를 버리셨나이까?"라고 울부짖는 이유를 설명하는 제

4장 "고뇌의 말씀"은 명쾌함과 솔직함이 빛나는 걸작이다. 성경의 어려운 진리들이 의도적으로 완화되거나 불분명해지거나 닳고 닳은 최신 유행의 적당한 기호에 맞춰 수정되는 시대에 절박하게 필요한 것이 바로 이런 식의 정직한 가르침이다. 아더 핑크라면 그런 일 따윈 하지 않을 것이다. 우리도 그러지 말아야 한다 (고전 2:1~5; 갈 1:10 참조).

이 책을 읽으면 더 이상 십자가의 의미에 대해 혼란스러울 수가 없고, 죄인을 대신하신 그리스도의 죽음의 비애와 능력에 감동받지 않을 수가 없다. 이것이 바로 오늘날 영계(靈界)에 퍼지고 있는 피상성과 어리석음을 해결할 완벽한 해독제이다.

이 책이 새롭게 발행된 것을 보니 정말 반갑고, 이 책이 하나님께 사용되어서 그리스도께서 십자가에 달리신 그 암흑의 시간에 말씀하시고 이루신 일, 특히 죄인들을 위해 얻으신 영원한 승리의 진정한 의미를 독자들이 깨닫게 되길 간절히 소망한다.

존 맥아더 (John MacArthur)

서문

주 예수 그리스도의 죽음은 기도하는 마음으로 진리의 말씀을
연구하는 모든 사람들에게 영원히 중요한 주제이다. 그의
죽음이 믿는 자들의 모든 것, 이 세상의 삶과 영원한 삶 모두가 달린
문제이기 때문일 뿐만 아니라 그 죽음이 가지는 초월적인 독특성
때문에도 그렇다. 신비 중에 신비인 이 죽음의 특징을 네 단어로 요
약할 수 있다: 그리스도의 죽음은 자연스럽고, 보통과 달랐으며, 기
이했고, 초자연적이었다. 각각의 의미와 내용을 살펴보자.

첫째, 그리스도의 죽음은 **자연스러웠다. 실제로 죽었다는** 의미
이다. 실제로 죽었다는 말은 단순하고 일상적이어서 너무나 익숙
하긴 하지만, 여기에서 우리가 말하는 죽음은 영적으로 볼 때 놀랄
만한 일이기 때문이다. "악한 무리들의 손에 이끌리어" 십자가에
못 박혀 죽임을 당하신 분은 다름 아닌 임마누엘이셨다. 갈보리
십자가에서 죽으신 분이 다름 아닌 여호와의 "동역자"이셨다. 저
주받은 **나무**에 흘려진 피가 하나님의 것이었다ㅡ"하나님이 **자기
피로 사신 하나님의 교회**" (행 20:28, 강조 첨가). 사도 바울은 "하나님께
서 **그리스도 안에 계시사** 세상을 자기와 화목하게 하시며"(고후 5:19,
강조 첨가)라고 말한다. 그러나 어떻게 여호와의 "동역자"가 고난을
당하실 수 있었을까? 어떻게 영원이신 분이 **죽을 수 있으셨을까?**

태초부터 말씀이셨던 그분, 하나님과 함께 계셨던 그분, 하나님이셨던 그분이 "육신이 되셨다." 하나님이셨던 분이 종의 형체를 입으시고 사람과 같이 되셨다; "사람의 모양으로 나타나셨으매, 자기를 낮추시고 죽기까지 복종하셨으니, 곧 십자가에 죽으심이라" (빌 2:8). 그러므로 영광의 주님은 성육신하셨기 때문에 죽음을 겪으실 수 있었고, 죽음 자체를 "맛보셨다." 우리는 예수님이 "아버지여, 내 영혼을 아버지 손에 부탁하나이다"라고 하신 말씀에서 그의 죽음이 얼마나 자연스러웠는지 깨닫게 되고, 예수께서 무덤에서 3일간이나 누워 계심으로 죽음의 실제가 훨씬 더 명백해진 것을 보게 된다.

둘째, 그리스도의 죽음은 부자연스러웠다. 보통과 달랐다는 의미이다. 하나님의 아들이 성육신하여 죽음을 겪을 수 있으셨다는 것은 이미 말한 바 있지만, 그렇다고 해서 죽음이 예수님의 목숨을 빼앗았다고 추론해서는 안 된다. 이것은 절대 사실이 아니며, 오히려 그 정반대가 진리이다. 죽음은 죄의 삯이지만, 그는 죄가 없으셨다. 예수님이 태어나시기 전에 마리아는 들었다. "나실 바 거룩한 자는 하나님의 아들이라 일컬으리라" (눅 1:35). 주 예수는 타락한 인간의 본성에 뿌리를 둔 관계를 통하지 않고 이 세상에 오셨을 뿐만 아니라 "죄를 범치 아니하시고" (벧전 2:22), "죄가" 없으시며 (요일 3:5), "죄를 알지도 못하신 자"(고후 5:21)였다. 인격과 행위에서 "흠 없고 점 없는" (벧전 1:19) 거룩한 하나님이셨다. 그런 분이셨기에 죽음은 그의 목숨을 앗아가지 못했다. 빌라도조차도 그에게서 "죄를 찾지 못했음"을 인정해야만 했다. 그러므로 거룩하신 성자(聖子)의 죽음은 보통과 달랐다.

셋째, 그리스도의 죽음은 **기이했다**. 그 죽음은 계획되어 있었고, 사전에 그에게 **예정되었다**는 의미이다. 그는 창세 이전에 죽임을 당한 어린양이셨다 (계 13:8). 아담이 창조되기 이전에 타락은 예상되었다. 죄가 이 세상에 들어오기 이전에 하나님은 죄로부터의 구원을 계획하고 계셨다. 성부와 성자와 성령은 죄인들을 위한 구주, 불의한 자들을 대신하여 의로운 자가 고난을 받아야 하는 구주, 우리를 살리기 위해 죽어야 하는 구주가 있어야 한다고 미리 결정을 내리셨다. 그리고 "죄 값을 치를 만큼 선한 사람이 없기에" 아버지의 유일한 아들이 자신을 죄의 제물로 드리셨다.

그리스도의 죽음에서 기이한 특징은 "십자가의 **뒷받침**"이라는 말로 잘 표현되어 왔다. 하나님께서 공정하게 "전에 지은 죄를 간과"(롬 3:25)하신 것은 바로 앞으로 있을 이 죽음을 예상하셨기 때문이다. 창세 이전에 죽임을 당한 어린양 그리스도가 계시지 않았다면 구약 시대의 모든 죄인들은 죄를 짓는 그 순간 지옥의 나락으로 떨어졌을 것이다!

넷째, 그리스도의 죽음은 **초자연적이었다**. 다른 모든 죽음과는 달랐다는 의미이다. 그는 모든 것에서 뛰어나시다. 그의 탄생은 다른 모든 출생과 달랐다. 그의 삶은 다른 모든 인생과 달랐다. 그리고 그의 죽음은 다른 모든 죽음과 달랐다. 이것은 죽음에 관하여 그분 스스로 하신 말씀에 확실하게 암시되어 있었다. "아버지께서 나를 사랑하시는 것은 내가 다시 목숨을 얻기 위하여 **목숨을 버림이라. 이를 내게서 빼앗는 자가 있는 것이 아니라 내가 스스로 버리노라. 나는 다시 얻을...권세도 있으니**" (요 10:17~18, 강조 첨가). 예수님의 죽음을 **묘사한** 복음서의 이야기들을 주의 깊게 연구해 보면 이 주장에 대한 일곱 가지 증거들과 근거들을 찾아볼 수 있다.

1. 우리 주님이 "목숨을 버리셨다"는 것과 적들의 손에서 무력하지 **않으셨다**는 것은 예수께서 **잡히시던** 기록인 요한복음 18장에 명확히 나와 있다. 대제사장들과 바리새인들이 보낸 하속들과 군대가 가룟 유다의 인도를 받아 겟세마네 동산에서 예수님을 찾았다. 예수님은 나아가 그들을 만나시고 물으셨다. "너희가 누구를 찾느냐?" "나사렛 예수"라고 대답하자, 주님은 감히 입에 올릴 수 없는 하나님의 호칭을 언급하셨다. 그것은 여호와께서 구약의 모세에게 불타는 떨기나무에서 자신을 드러내셨던 바로 그 말씀이었다—"내로라 (스스로 있는 자니라; I am)." 그 결과는 놀라웠다. "저희가 물러가서 땅에 엎드러지는지라." 군대는 두려움에 떨었다. 육신으로 오신 하나님 앞에 있는 것이었다. 한순간 하나님의 위엄을 깨닫고서 압도당하였다. 복된 구주께서 하려고만 하셨다면 자신을 잡으러 왔다가 땅바닥에 엎드러진 자들을 내버려둔 채 조용히 걸어 나오시는 것이 얼마나 간단한 일이었을까! 그러나 그는 그들의 손에 자신을 넘기시고 도살장으로 가는 양처럼 (끌려가신 게 아니라) **따라가셨다.**

2. 이제 성경에서 가장 엄숙한 절인 마태복음 27장 46절로 가보자. "제 구시 즈음에 예수께서 **크게 소리 질러** 가라사대, '엘리 엘리 라마 사박다니' 하시니, 이는 '나의 하나님, 나의 하나님, 어찌하여 나를 버리셨나이까? 하는 뜻이라." 여기에서 유심히 보아야 할 말은 고딕체로 표시한 곳이다. 구주가 "크게 소리 질러" 외치셨다고 성령께서 우리에게 말씀하시는 이유가 과연 무엇일까? 확실히 거기에는 이유가 있다. 같은 장에서 이 말이 네 번이나 더 반복되었다

는 것을 주목해 보면 그 이유는 더욱 명확해진다. "예수께서 다시 크게 소리 지르시고 영혼이 떠나시다" (마 27:50, 강조 첨가). 그렇다면 이 말이 내포하는 의미는 무엇일까? 위 단락에서 말했던 것을 더 확증해 주고 있지는 않은가? 구주께서 당하신 고난들로 기력이 다하지는 않으셨음을 말하지 않는가? 정신이 혼미하지 않다는 것을 암시하지 않는가? 여전히 자신을 추스르면서 죽음에 정복되는 대신에 스스로 목숨을 내어놓으신 것을 넌지시 보여 주지는 않는가? 하나님께서 "돕는 힘을 능력 있는 자에게 더하여" (시 89:19) 주신 것을 보여 주지는 않는가?

3. 다음으로 주님께서 십자가 위에서 네 번째로 하신 말씀인 "내가 목마르다"를 보자. 그 정황에 감안한다면, 이 말씀은 우리 주님이 침착하셨다는 것을 보여 주는 놀라운 증거이다. 전체 구절은 이러하다: "이 후에 예수께서 모든 일이 이미 이룬 줄 아시고, 성경으로 응하게 하려하사 가라사대, '내가 목마르다' 하시니" (요 19:28, 강조 첨가). 구주가 쓸개즙을 탄 신포도주를 받게 된다는 예언이 구약에 있다. 그리고 이 예언을 이루시려고 예수님은 "내가 목마르다"라고 외치셨다. 예수께서 침착하셨고, 정신이 맑으셨으며, 참혹한 고통 때문에 혼란스럽거나 흐트러지지 않으셨다는 것을 보여 주는 훌륭한 증거이다. 십자가에 달리신 지 여섯 시간이 다 되었을 때, 그는 예언의 말씀을 전체적으로 살피셨고, 자신의 수난과 관련된 예언들을 하나하나 점검하셨다. 사후에 이루어질 예언들을 제외하고는 아직 남은 것이 하나 있었는데, 바로 "저희가 쓸개를 나의 식물로 주며, 갈할 때에 초로 마시웠사오니"(시 69:21)였다. 주님은 고난 중에도 이를 간과하지 않으셨다. "예수께서 모든 일이 이룬 줄 아시고,

성경(시 69:21)으로 응하게 하려하사 가라사대, '내가 목마르다' 하시니." 이 또한 예수께서 "자기 목숨을 버리셨다"는 것을 보여 주는 증거이다!

4. 요한복음 10장 18절에서 주님이 하신 말씀을 성령께서 인도하셨다는 또 다른 증거가 요한복음 19장 30절에 있다. "예수께서 신포도주를 받으신 후 가라사대, '다 이루었다' 하시고, **머리를 숙이시고 영혼이 돌아가시니라.**" 이 말씀에서 무엇을 깨달아야 하는가? 여기에서 구주의 행동이 의미하는 바는 무엇인가? 분명히 그 답은 멀리 있지 않다. 이것이 뜻하는 바는 명백하다. **이전에 주님의 머리는 곧게 들려 있었다.** 정신을 잃고 십자가에 매달려 있었던 무능력한 자가 아니었다. 만약 그랬다면, 그의 **머리**는 가슴 위에 축 늘어져 있어야 했다. 머리를 "숙인다"는 것은 불가능했다. 여기에 쓰인 동사를 자세히 보면 머리가 "떨구어진" 것이 아니다. 그는 의식적으로, 차분하게, 기품 있게, 머리를 **숙이셨다.** 십자가 위에서조차 그의 몸가짐은 그렇게 고귀했다! 온전히 평정을 유지하셨다는 증거이다. 무엇보다도, 백부장이 "이는 진실로 하나님의 아들이었다"(마 27:54)라고 감탄할 수 있었던 이유는 넘치는 위엄으로 십자가의 고난을 이겨내는 주님의 모습 때문이 아니었을까!

5. 이제 주님의 마지막 행동을 보자: "예수께서 큰 소리로 불러 가라사대, '아버지여, 내 영혼을 아버지 손에 **부탁하나이다**' 하고, 이 말씀을 하신 후 **운명하시다**" (눅 23:46, 강조 첨가). 그 누구도 이렇게 하지 못했고, 이렇게 죽지 못했다. 이 말씀은 우리가 자주 인용했던 예수님의 말씀과 정확히 일치하고 있다. "내가 다시 목숨을 얻기 위하여 목숨을 버림이라. 이는 내게서 **빼앗을** 자가 있는 것이 아니

라 내가 **스스로 버리노라**" (요 10:17~18, 강조 첨가). 십자가 위에서 주님이 하신 말씀과 순교하던 스데반의 말을 비교해 보면, 주님의 행동이 독특하다는 것을 알 수 있다. 최초의 기독교 순교자는 요단강 가에 섰을 때 "주 예수여, 내 영혼을 받으시옵소서"(행 7:59)라고 외쳤다. 그러나 이와 대조적으로 그리스도는 "아버지여, 내 영혼을 아버지 손에 **부탁하나이다**"라고 말씀하셨다. 스데반의 영혼은 **그에게서 거두어졌다.** 구주는 그렇지 않았다. 아무도 그에게서 **그의** 생명을 가져갈 수 없었다. 그는 다만 영혼이 "돌아가시었다."

6. 군병들이 십자가에 달렸던 주님과 강도들의 다리를 어떻게 다루었는가가 그리스도의 죽음이 독특했음을 보여 주는 또 다른 증거이다. "이 날은 예비일이라. 유대인들은 그 안식일이 큰 날이므로 그 안식일에 시체들을 십자가에 두지 아니하려 하여 빌라도에게 그들의 다리를 꺾어 시체를 치워 달라 하니, 군병들이 가서 예수와 함께 못 박힌 첫째 사람과 또 그 다른 사람의 다리를 꺾고, 예수께 이르러는 이미 죽은 것을 보고 다리를 꺾지 아니하고" (요 19:31~33).

주 예수는 두 강도가 함께 못 박힐 것이라고 말씀하셨다. 그들은 자신들의 십자가에 같은 시간 동안 매달려 있었다. 그리고 날이 저물 때에 두 강도는 여전히 살아 있었다. 십자가 처형은 잘 알려진 대로 고통은 극심하지만 죽음은 서서히 왔다. 몸의 급소가 직접적으로 다치지 않기 때문에 완전히 기진해서 죽기까지 이삼 일이나 걸리는 일도 종종 있었다. 그러므로 그리스도께서 십자가 위에서 단지 여섯 시간 만에 죽으셨다는 것은 자연스러운 일이 아니었다. 유대인들도 이것을 알았고, 빌라도에게 세 명 모두의 다리를 꺾어서 죽음을 앞당기자고 요청했다. 그런데 군병들이 갔을 때 구주는

"이미 죽어 있었다." 두 강도는 여전히 살아있는데 말이다. 그러므로 이것은 주께서 스스로 "목숨을 버리신 것"이지 목숨을 "빼앗긴 것"이 아니라는 또 다른 증거이다.

7. 그리스도의 죽음이 **초자연적**이라는 마지막 증거로 주께서 숨을 거두셨을 때 일어난 기이한 현상들을 주목해 보자. "이에 성소 휘장이 위로부터 아래까지 찢어져 둘이 되고, 땅이 진동하여 바위가 터지고, 무덤들이 열리며"(마 27:51~52). 그것은 골고다의 거친 언덕 정상에서 보았던 일상적인 죽음이 아니었고, 뒤따라 일어난 일들도 범상치 않았다.

첫째, 성소의 휘장이 위로부터 아래까지 찢어져 둘이 되었다. 이것은 하늘로부터 내려온 손이 성소의 예배자들과 하나님의 지상의 보좌를 가로막았던 휘장을 갈라 두 조각 낸 것을 보여 주며, 지극히 거룩하신 분께 나아가는 길이 이제 만들어졌고, 하나님을 직접 만날 수 있는 통로가 아들의 상한 몸을 통해 열렸다는 것을 의미했다. 이어서 땅이 진동했다. **한 차례의 지진**이나 "대규모의 지진"이 아니라, 땅 자체가 전체적으로 그 근본이 흔들리고 그 축이 요동하여, 마치 지구 표면에 영원히 새겨질 가장 가공할 만한 일로 땅이 온통 겁에 질린 것과 같다고 나는 생각한다. 그리고 "바위가 터지고," 즉 그 죽음의 거대한 힘 앞에서 자연의 힘은 꺾였다. 마지막으로 "무덤들이 열리며"는 사탄의 능력, 즉 죽음이 두려워 떨며 산산조각이 나는 것을 보여 주었다. 대속의 죽음이 지니는 **가치**를 외적으로 증명하는 것이다.

정리해 보면 다음과 같다. 자신을 잡으러 온 무리들의 손에 스스로 내어 주신 게 명백하다. "크게 소리질러" 외치신 것은 원기가 남아 있음을 의미한다. "모든 일이 이미 이룬 줄을 아시고"가 증명하는 것은 주님께서 정신적으로 온전하시고 바른 평정을 유지하셨다는 사실이다. 곧게 든 머리를 "숙이셨다." 아버지의 손에 자신의 영혼을 의도적으로 "부탁하셨다." 군병들이 다리를 꺾으려고 왔을 때 그는 "이미 죽어" 있었다. 이 모든 것은 그가 생명을 "빼앗긴 것"이 아니라 스스로 목숨을 버리셨다는 것을 입증한다. 성소 휘장이 찢어지고, 땅이 진동하며, 바위가 터지고, 무덤이 열리는 기이한 일들도 예수님의 죽음이 **초자연적**이라는 특징을 보여 주는 틀림없는 증거들이었다. 그렇기 때문에 "이는 진실로 하나님의 아들이었다"라고 경탄해 마지않는 백부장의 고백이 우리의 고백이 되는 것은 당연하다.

그러므로 그리스도의 죽음은 독특하고, 기이하며, 초자연적이었다. 이제 우리는 십자가에 달리신 예수님의 입술에서 떨어지는 말씀을 경청할 것이다. 그 말씀 속에서 우리는 이 위대한 비극의 주변 상황들을 알게 될 것이고, 고난을 받으신 그분의 탁월함을 보게 될 것이며, 우리를 구원하는 복음의 완성을 발견하게 될 것이고, 거룩한 죽음의 목적, 의미, 고난과 충분한 능력을 깨닫게 될 것이다.

1
용서의 말씀

The *Word* of *Forgiveness*

이에 예수께서 가라사대, "아버지여, 저희를 사하여 주옵소서. 자기
의 하는 것을 알지 못함이니이다."

누가복음 23:34

인 간은 최악의 일을 저질렀다. 세상을 만드신 분이 세상에
왔지만 세상은 그를 알지 못했다. 영광의 주님이 사람들
가운데서 육체로 잠시 사셨지만 사람들은 그를 원하지 않았다. 죄
에 눈이 먼 그에게서 당연히 갈망해야 할 아름다움을 보지 못했다.
그가 태어났을 때 여관에는 방이 없었다. 이것은 그가 사람들의 손
에서 받게 될 대접의 전조(前兆)가 되었다. 그가 태어나자마자 헤롯
은 그를 죽이려고 혈안이 되었다. 이것은 그의 백성들이 적개심에
불타오르는 것을 암시하며 사람들의 증오가 극에 치달아 십자가에
이르는 것을 미리 보여 주었다. 계속해서 그의 적들은 그를 파괴하

려고 시도했다. 이제 그들의 사악한 욕망은 기회를 얻는다. 하나님의 아들은 자신을 그들의 손에 넘겨주었다. 모함으로 시작된 재판이 열렸고, 재판관들은 그에게서 아무런 죄도 찾을 수 없었지만, 어찌 되었든 그를 증오하는 무리들이 끈질기게 아우성을 치며, "그를 십자가에 못 박으라"고 외쳐댈 때 굴복해 버렸다.

인간은 잔인한 일을 저질렀다. 평범한 죽음으로는 굶주린 그의 적들을 만족시킬 수 없을 것이다. 지독한 고통과 수치의 죽음이 선고되었다. 십자가가 세워지고 그 십자가에 구주가 못 박혔다. 거기에 그가 매달려 있다, 말없이. 그러나 이제 그의 창백한 입술이 움직이는 것이 보인다. 동정을 호소하고 있는가? 아니다. 그렇다면 무엇이란 말인가? 십자가에 못 박은 자들에게 저주라도 퍼붓고 있는가? 아니다. 그는 기도하고 있다. 자신의 적들을 위해 기도한다. "이에 예수께서 가라사대, '아버지여, 저희를 사하여 주옵소서. 자기의 하는 것을 알지 못함이니이다'" (눅 23:34).

우리 주님께서 십자가에서 하신 일곱 마디 말씀 중에 첫 번째는 기도하시는 주님의 모습을 보여 준다. 참으로 깊은 의미와 심오한 가르침이 담겨 있다! 그는 공생애를 기도로 시작하셨고 (눅 3:21), 여기에서 보듯이 기도로 마무리하셨다. 확실히 우리에게 모범을 보이셨다! 병자들을 향해 더 이상 손을 내미실 수 없을 것이다. 두 손이 십자가에 못 박혀 있기 때문이다. 자비를 베푸시기 위해 더 이상 다니실 수 없을 것이다. 두 발이 잔인한 나무에 붙들려 있기 때문이다. 제자들을 더 이상 가르치실 수 없을 것이다. 그들이 주를 버리고 도망갔기 때문이다. 그렇다면 이제 주님은 무엇을 하시는가? 바로 기도 사역이다! 이것이 우리에게 주시는 교훈이다.

나이가 들고 병이 들어서 더 이상 주님의 포도원에서 활발히 일할 수 없는 사람들이 이 말씀을 읽을지도 모른다. 예전에는 선생이나 설교자, 주일학교 교사, 전도지를 나누어 주던 봉사자였을지 모르지만, 지금은 침대에 누워 지낼 뿐이다. 그렇지만 여전히 이 땅에 살고 있다! 어쩌면 하나님께서 기도 사역을 시키시려고 이곳에서 살 수 있는 며칠을 더 주신 것인지도 모른다. 과거에 왕성했던 봉사 활동보다 기도 사역을 통해 더 많은 것을 이룰 수도 있다. 만약 그런 사역을 **얕보고** 싶은 마음이 든다면, 당신의 구주를 기억하라. 그는 기도하셨다. 남을 위해 기도하셨고, 죄인들을 위해 기도하셨다. 마지막 순간에도 기도하셨다.

적들을 위해 기도하시는 그리스도는 우리에게 잘못하고 우리를 미워하는 사람들을 어떻게 대해야 하는지 완벽한 모범을 보여 주셨을 뿐 아니라 그 어느 누구도 기도 대상에서 **제외**될 수 없다는 것을 가르쳐 주셨다. 그리스도께서 자신의 살인자들을 위해 기도하셨다면 우리도 용기를 내어 극악한 죄인들을 위해 기도해야 한다! 이 책을 읽는 그리스도인들은 **절대로 소망을 잃지 말라**. 그 남자, 그 여자, 제멋대로인 자녀를 위해 **계속** 기도하는 것이 시간 낭비로 여겨지는가? 그들의 상황이 매일 더 절망적으로 변해가는가? 그들은 마치 하나님의 자비하심이 미치지 못하는 곳에 있는 것처럼 보이는가? 당신이 오랫동안 기도해 온 사람이 유행하는 이단에게 발목이 잡혀 있거나 공공연하게 하나님을 부인하는, 한 마디로 말해, 노골적인 그리스도의 적일 수도 있다. 그렇다면 십자가를 기억하라. 그리스도는 자신의 **적**을 위해 기도하셨다. 그 누구도 기도의 대상에서 **제외**시키지 않는 법을 배우라.

이 기도에서 생각해 볼 것이 하나 있다. 바로 기도의 **능력**이다. 적들을 위한 그리스도의 십자가의 중보기도는 놀랍고도 분명한 응답을 받았다. 오순절 날 삼천 명의 회심이 그 응답이다. 이 같은 결론은 사도 베드로가 "형제들아, 너희가 알지 못하여서 그리 하였으며, 너희 관원들도 그리한 줄 아노라"고 말한 사도행전 3장 17절을 근거로 내린 것이다. 베드로가 사용한 "알지 못하여서"라는 말이 주님이 "자기의 하는 것을 알지 못함이니이다"라고 말씀하신 것과 일치하고 있다. 이것이 단 한번의 설교로 삼천 명이 회심한 사건을 하나님의 관점에서 설명한 것이다. 그 도화선이 된 것은 베드로의 유창한 설교가 아니라 구주의 기도였다.

믿는 우리들에게도 마찬가지이다. 그리스도는 우리가 그분을 믿기 훨씬 전에 당신과 나를 위해 기도하셨다. 요한복음 17장 20절에 그 증거가 있다. "내가 비옵는 것은 이 사람들만을 위함이 아니요, 또 저희 말을 인하여 **나를 믿는 사람들**도 위함이니" (요 17:20). 여기에 완벽한 모범이 주시는 교훈이 또 있다. 우리도 하나님의 적들을 위해 중보기도를 해야 한다. 믿음으로 기도하면 잃어버린 죄인들을 구원하는 능력 있는 기도를 하게 될 것이다.

이제 본문을 살펴보자: "이에 예수께서 가라사대, '아버지여, 저희를 사하여 주옵소서. 자기의 하는 것을 알지 못함이니이다.'"

1. 예언된 말씀이 성취되었다

하나님은 바로 그날에 일어날 일들을 미리 많이 알려 주셨다. 성령님은 주님의 수난을 모든 주변 상황들까지도 함께 완벽한 그림으로 보여 주셨다. 그 중에 구주가 "범죄자를 위해 기도"하신다는 예언 (사 53:12)이 있었다. 이것은 그리스도가 하나님의 우편에 앉아서 하시는 현재의 사역을 언급한 게 아니었다. "자기를 힘입어 하나님께 나아가는 자들을 온전히 구원하실 수 있으니, 이는 그가 항상 살아서 저희를 위하여 간구하심이니라"(히 7:25)는 말씀은 사실이다. 그러나 이것은 믿는 자들을 위해 지금 주께서 하고 계시는 기도를 말하는 반면, 이사야 53장 12절은 십자가에 달리신 때에 주께서 행하신 은혜로운 행위를 언급한 것이다. 죄를 범한 자들을 위한 주님의 중보기도하시는 것이 이렇게 연결되는 것을 주목하라. "이는 그가... 범죄자 중 하나로 헤아림을 입었음이라. 그러나 실상은 그가 많은 사람의 죄를 지며 범죄자를 위하여 기도하였느니라 하시니라."

그리스도께서 적을 위해 중보기도하시는 것은 이사야 53장에 있는 놀라운 예언 중 하나였다. 이 장은 구속자의 굴욕과 수난에 대해 적어도 열 가지는 말하고 있다. 멸시를 받아서 사람에게 싫어버린 바 된다. 간고를 겪었으며 질고를 아는 자다. 상하고 찔리고 채찍에 맞는다. 순순히 도수장으로 끌려간다. 털 깎는 자 앞에서 잠잠하다. 사람의 손에 고난을 받을 뿐만 아니라 하나님으로부터도 상처받는다. 영혼을 죽음에게 내어 준다. 부자의 무덤에 묻힌다. 그리고 덧붙여서, 범죄자와 같이 헤아려지고, 마지막으로 범죄자를 위하여 기도한다. "범죄자를 위하여 기도하였느니라"는 예언은 "예수께서 가라사대, '아버지여, 저희를 사하여 주옵소서. 자기의 하는 것을 알지 못함이니이다'"로 성취되었다. 그는 자신의 살인자들을 생각하셨다. 자신을 십자가에 못 박은 자들을 위해 간구하셨다. 그들의 죄 사함을 위해 기도하셨다.

이에 예수께서 가라사대, "아버지여, 저희를 사하여 주옵소서. 자기
의 하는 것을 알지 못함이니이다."

2. 그리스도는 자기 백성들과 똑같이 되셨다

"아버지여, 저희를 사하여 주옵소서." 전에는 아버지께 이런 간구
를 하신 적이 없었다. 전에는 아버지께 다른 사람들을 용서해 달라고
하신 적이 없었다. 이때까지 그는 직접 죄를 사하여 주셨다. 중풍병
자에게 이렇게 말씀하셨다, "소자야, 안심하라. 네 죄 사함을 받았느
니라" (마 9:2). 시몬의 집에서 눈물로 주님의 발을 적신 여인에게 말씀
하셨다. "네 죄 사함을 얻었느니라" (눅 7:48). 그렇다면 왜 이제 와서
죄 사함을 직접 선포하는 대신에 **아버지께** 용서를 간구하셨을까?
죄 사함은 **하나님**의 특권이다. 유대의 서기관들이 "오직 하나님
한 분 외에는 누가 능히 죄를 사하겠느냐"(마 2:7)라며 의문을 제기한
것은 옳았다. 그러나 그리스도는 하나님이셨다. 또한 사람이셨다.
하나님이자 사람이셨다. 죄의 희생 제물로 자신을 드리기 위해 사람
의 아들이 되신 하나님의 아들이셨다. 주 예수께서 "**아버지여,** 저희
를 **사하여 주옵소서**"라고 외치셨을 때는 십자가에 매달려 계셨고, 거
기서는 하나님의 특권을 행사할 수 없었을 것이다. 주님이 하신 말씀
을 주의 깊게 살펴보고 성경이 얼마나 놀랍게 정확한지 눈으로 확인
하라. 그는 "인자가 **세상**에서 죄를 사하는 권세가 있는 줄을 너희로
알게 하려 하노라"(마 9:6, 강조 첨가)고 말씀하셨다. 그러나 그는 더 이상
땅에 서 있지 않으셨다! 그는 "**땅**에서 들리어" (요 12:32, 강조 첨가) 계셨
다. 게다가, 십자가 위에서 그는 우리를 대신하셨다: 의로운 자가 불

의한 자를 대신하여 죽어가고 계셨다. 우리를 대표하여 십자가에 매달려 계셨기 때문에 그는 자신의 신적 특권을 행사할 수 있었던 **권세의 자리에 있지 않으셨다.** 그래서 아버지 앞에서 **간구하는 자의 자세**를 취하신다. 그러므로 주 예수가 "**아버지여, 저희를 사하여 주옵소서**"라고 외치셨을 때, 그분은 온전히 **자기 백성들과 똑같이 되셨다.** "세상"에서 죄를 사할 수 있는 "능력"이나 "권리"를 갖고 있지 않으셨다. 대신 죄인들을 위해 **중보하신다.** 우리가 그래야 하는 것처럼.

> 이에 예수께서 가라사대, "아버지여, 저희를 사하여 주옵소서. 자기의 하는 것을 알지 못함이니이다."

3. 하나님은 죄와 그 죄의 결과를 심판하신다

레위 율법의 섭리를 보면 하나님은 모르고 지은 죄도 속죄해야 한다고 명령하셨다. "누구든지 여호와의 성물에 대하여 **그릇 범과하**였거든 여호와께 속건제를 드리되, 너의 지정한 가치를 따라 성소의 세겔로 몇 세겔 은에 상당한 흠 없는 수양을 떼 중에서 끌어다가 속건제로 드려서 성물에 대한 범과를 갚되, 그것에 오분의 일을 더하여 제사장에게 줄 것이요, 제사장은 그 **속건제의 수양으로 그를 위하여 속한즉 그가 사함을 얻으리라**" (레 5:15~16, 강조 첨가). 또한 이 말씀도 있다. "너희가 그릇 범죄하여 여호와가 모세에게 말한 이 모든 명령을 지키지 못하되, 곧 여호와가 모세로 너희에게 명한 모든 것을 여호와가 명한 날부터 이후 너희의 대대에 지키지 못하여 회중이 **부지중에 그릇 범죄하였거든,** 온 회중은 수송아지 하나를 여호와께 향기로운 화제로 드리고, 규례대로 그 소제와 전제를 드리고 수염소 하나를 속죄제로 드릴 것이라. 제사장이 이스라엘 자손의 온 회중을 위하여 속죄하면 그들이 사함을 얻으리니, 이는 **그릇 범죄함이며** 또 그 그릇 범죄함을 인하여 예물 곧 화제와 속죄제를 여호와께 드렸음이라"(민 15:22~25, 강조 첨가). 성경의 이런 관점은 다윗의 기도에서도 보인다. "나를 **숨은** 허물에서 벗어나게 하소서"(시 19:12, 강조 첨가).

죄는 우리가 그것을 알고 지었든 모르고 지었든지 간에 하나님의 눈에는 항상 죄이다. 알고 지은 죄가 그렇듯이 모르고 지은 죄도 확실한 속죄가 필요하다. 하나님은 거룩하시며, 우리의 무지의 수준에 맞추어 자신의 의의 기준을 낮추지 않으신다. 무지는 무죄가 아니다. 사실, 무지는 모세 때보다 오늘날 더 비난받을 만하다. 우리의 무지에 대해서는 변명의 여지가 없다. 하나님은 분명하고도 충분히 자신의 뜻을 밝히셨다. 성경이 우리 손에 있으니 그 내용을 몰랐다고 변명할 수는 없다. 그저 우리의 게으름을 탓할 뿐이다. 하나님은 말씀하셨고, 그의 말씀에 따라 우리는 심판을 받을 것이다.

그리고 우리가 **지금 당장** 많이 무지한 것이 사실일지라도 그 과실과 책임은 우리에게 있다. 그렇다고 우리의 죄가 줄어들지는 않는다. 모르고 지은 죄도 주님의 기도에서 분명히 볼 수 있듯이 하나님의 용서를 받아야 한다. 그러므로 하나님의 기준이 얼마나 높은지, 또 우리가 간구할 것이 얼마나 큰지 깨달으라. 그리고 주님의 대속이 한량없어서 **모든** 죄를 깨끗게 하심을 찬양하라.

> 이에 예수께서 가라사대, "아버지여, 저희를 사하여 주옵소서. 자기의 하는 것을 알지 못함이니이다."

4. 인간의 마음이 눈멀었다

"자기의 하는 것을 알지 못함이니이다." 이것은 그리스도의 적들이 그리스도가 십자가에 달리신 **사실**을 몰랐다는 것이 아니다. 자신들이 "그를 십자가에 못 박으라"고 외쳤다는 것을 그들은 너무나도 잘 알고 있었다. 빌라도가 들어 주었던 자신들의 사악한 요구를 너무나도 잘 알고 있었다. 예수께서 십자가에 못 박히신 것을 너무나도 잘 알고 있었다. 그 범죄의 현장에서 두 눈으로 똑똑히 보았기 때문이다. 그렇다면 "자기의 하는 것을 알지 못함이니이다"라는 주님의 기도는 무슨 뜻이었을까? 자신들의 죄가 얼마나 **극악무도한** 것인지를 몰랐다는 뜻이다. 그들은 자신들이 못 박은 자가 바로 영광의 주님이셨다는 것을 "알지 못했다." "**알지 못함**"이 아니라 "**자기의 하는 것**"에 강조점이 있다.

그러나 그들은 **알았어야** 했다. 그들이 눈이 멀어 보지 못한 것은 변명의 여지가 없다. 예수께서 성취하셨던 구약의 예언들은 그가 거룩하신 하나님이라는 것을 알 수 있기에 충분히 분명했다. 그의 가르침은 독특했다. 그를 정면으로 비난하던 자들도 "그 사람의 말하는 것처럼 말한 사람은 이때까지 없었나이다"(요 7:46)라고 인정할 수밖에 없었기 때문이다. 게다가 그의 완벽한 삶은 더 말할 것도 없었다! 그는 이 세상에서 전에는 결코 없었던 삶을 사람들 앞에서 사셨다. 자신의 만족을 구하지 않으셨다. 선한 일을 위해 동분서주하셨다. 심지어 다른 사람들의 손에 자신을 넘기셨다. 개인의 유익을 추구하지 않으셨다. 시종일관 자기 희생의 삶을 사셨다. 항상 하나님의 영광을 위해 사셨다. 하늘의 인정을 받은 삶이었다. 아버지께서 "너는 내 사랑하는 아들이라. 내가 너를 **기뻐하노라**"는 말씀으로 입증하셨다. 그들의 무지를 변명할 거리는 하나도 없었다. 그저 그들의 마음이 눈멀었다는 것을 입증할 뿐이다. 그들은 하나님의 아들을 거절하여 인간의 마음이 "하나님에게 대항하는 적의(敵意)"임을 단 한번에 영원히 완벽하게 증명해 주었다.

이 끔찍한 비극이 여전히 되풀이되고 있음을 생각하면 얼마나 마음이 아픈지 모르겠다. 죄인들은 하나님의 위대한 구원을 못 본 척 하고는 자신들이 하는 일을 알지 못한다. 그들은 하나님께서 보내신 그리스도를 등한히 하고 그 자비의 손을 뿌리쳐 버리는 것이 얼마나 두려운 일인지 알지 못한다. 죄에서 구원하실 수 있는 유일한 분을 거부하는 행위가 얼마나 심각한 죄인지 알지 못한다. "이 사람이 날 다스리게 하진 않을 거야"라고 말하는 것이 얼마나 무서운 죄인지 알지 못한다. 자신들이 하는 일을 알지 못한다. 중대한 문제를 냉담한 무관심으로 대한다.

구약에서 그랬듯이, 오늘날에도 "그리스도라 하는 예수를 어찌해야 할까?"라는 질문이 제기되고 있다. 왜냐하면 예수님과 관련하여 어떤 결단을 내려야 하기 때문이다; 그를 거부하고 경멸하든지 아니면 영혼의 구원자이며 삶의 주인으로 받아들이든지. 그러나 다시 말하지만, 이것이 당신에게 하찮은 문제나 사소한 문제로 보인다면, **그것은** 당신이 그렇게 만든 것이다. 수년 동안 당신은 주의 영의 호소를 거부해 왔다. 수년 동안 정말 중요한 문제를 처박아 두었다. 수년 동안 그에 대해 마음을 강퍅하게 하고 그의 호소에 귀를 막았으며 탁월한 그의 아름다움에 눈감아 버렸다. 당신이 하고 있는 **것을** 당신은 알지 **못한다!** 자신이 제정신이 아닌 것을 보지 못한다. 자신의 끔찍한 죄를 보지 못한다. 그러나 **구제의 길이 없는 것은 아니다.** 하려고만 하면 지금 구원받을 수 있다. "주 예수를 믿으라. 그리하면 너와 네 집이 구원을 얻으리라." 지금 구주 앞으로 나와 구약의 어떤 사람처럼 말하라. "주여, 내 눈을 열어 주소서."

> 이에 예수께서 가라사대, "아버지여, 저희를 사하여 주옵소서. 자기의 하는 것을 알지 못함이니이다."

5. 예수님은 자신의 가르침을 아름답게 실천하는 모범이 되셨다

산상수훈에서 우리 주님은 제자들에게 "너희 원수를 사랑하며, 너희를 핍박하는 자를 위하여 기도하라"(마 5:44)고 가르치셨다. 누구보다도 그리스도는 자신의 가르침을 몸소 행하셨다. 은혜와 **진리**는 예수 그리스도를 통해서 왔다. 그는 진리를 가르치셨을 뿐만 아니라 진리이신 그 자신이 육신이 되신 것이었다. "내가 곧 길이요, 진리요, 생명이니"(요 14:6)라고 말씀하셨다. 그래서 그는 산에서의 가르침을 십자가 위에서 완벽하게 예증하셨다. 그는 모든 것에서 모범을 남기셨다.

그리스도께서 **개인적으로** 적들을 용서하지 않으셨다는 점을 주목하라. 그래서 마태복음 5장 44절에 예수님은 제자들에게 원수를 용서하라고 권고하지 않으시고 원수를 위해 "기도"하라고 **권고하셨다.** 그러나 우리는 우리에게 잘못한 사람들을 용서하지 말아야 할까? 이 질문에 대해서는 더 많은 가르침을 고찰해 볼 필요가 있다. 성경은 어떤 상황에서든지 항상 용서해야 한다고 가르치는가? 나는 단연코 아니라고 대답한다. 성경은 말한다. "너희는 스스로 조심하라. 만일 네 형제가 죄를 범하거든 경계하고, **회개하거든 용서하라.** 만일 하루 일곱 번이라도 네게 죄를 얻고 일곱 번 네게 돌아와 '내가 **회개하노라'** 하거든 너는 용서하라 하시더라" (눅 17:3~4, 강조 첨가).

여기에서 우리는 용서를 말하기 前에 잘못한 사람이 해야 할 일이 있음을 분명히 본다. 우리에게 잘못한 사람이 먼저 "회개"해야 한다. 말하자면 스스로 자신의 잘못을 판단하고 잘못을 뉘우치는 슬픔을 증거로 보이는 것이다. 그러나 만약 잘못한 사람이 회개하지 않는다면? 그렇다면 나는 그를 용서하지 않을 것이다. 그러나 내 말을 오해하지는 말라. 나에게 잘못한 사람이 회개하지는 않는다 해도 나는 그에게 나쁜 감정을 품고 있지는 않을 것이다. 마음속에 증오나 적개심이 없어야 한다. 그러나 그 사람을 아무 잘못도 하지 않은 것처럼 대해서도 안 된다. 그러면 그 잘못을 묵과하여 의(義)의 명령을 저버리게 될 것이다. 의의 명령은 믿는 자가 항상 준수해야 하는 것이다.

하나님은 회개가 없는데도 항상 용서해 주실까? 아니다. 성경은 선포한다. "만일 우리가 우리 죄를 자백하면 저는 미쁘시고 의로우사 우리 죄를 사하시며, 모든 불의에서 우리를 깨끗케 하실 것이요" (요일 1:9). 어떤 사람이 나에게 상처를 주고 뉘우치지 않으면 나는 그를 용서할 수도 없고 그가 아무 잘못도 하지 않은 것처럼 대할 수도 없다. 하지만 나는 그에 대하여 마음에 앙심을 품어서는 안 될 뿐만 아니라 **그를 위해 기도해야 한다.** 이것이 그리스도가 보여 주신 온전한 모범의 가치이다. 용서할 수 없다 해도 하나님께 그를 용서해 달라고 기도할 수 있다.

이에 예수께서 가라사대, "아버지여, 저희를 사하여 주옵소서. 자기
의 하는 것을 알지 못함이니이다."

6. 사람에게는 크고 우선적으로 꼭 필요한 것이 있다

모든 사람이 첫 번째로 꼭 알아야 할 중요한 것은 우리가 죄인이
며, 죄인이기 때문에 거룩하신 하나님 앞에 설 자격이 없다는 것이
다. 죄의 문제가 해결되지 않는 한 숭고한 이상을 선택하고, 훌륭한
결단을 내리며, 탁월한 삶의 기준을 받아들이는 것들이 다 헛되다.
고상한 품성을 개발하려고 노력하고, 하나님의 인정을 받을 만한
일들을 하려고 작정하여도, 하나님과 우리 영혼 사이에 죄가 있는
동안에는 그 모든 것이 다 쓸모없다. 발이 마비되었는데 신발이 무
슨 소용이 있는가? 눈이 보이지 않는데 안경이 무슨 소용이 있는가?
죄 사함의 문제는 기본적이고 근본적이며 극히 중대한 것이다. 아
직 죄 가운데 있다면 수많은 동료들의 존경을 받아보아야 별 거
아니다. 하나님이 보시기에 용서받지 못한 죄인이라면 아무리 일
에서 성공 가도를 달리고 있다고 해도 아무 것도 아니다. 죽는 순간
에 가장 중요한 것은 죄가 그리스도의 피로 씻겨 있는가이다.
두 번째로 꼭 알아야 할 중요한 것은 죄 사함을 얻는 방법이다.
거룩하신 하나님께서 죄를 용서하시는 근거가 무엇인가? 여기에서
하나님의 죄 사함과 대부분의 인간의 용서가 확실히 다르다는 것을
분명히 하는 게 중요하다. 대체적으로 인간의 용서는 관대함, 흔히
느슨함의 문제이다. 용서는 정의와 의로움을 희생할 때 나타난다.
세상의 법정에서 재판장은 두 가지 대안 중에서 하나만 선택해야

한다: 피고가 유죄일 경우, 재판관은 법대로 형을 **집행**하든가 아니면 법의 명령을 **묵살**해야 한다. 전자가 정의이고 후자가 자비이다. 재판관이 법대로 집행하면서 자비도 보일 수 있는 유일한 방법은 제 3의 인물이 유죄 판결을 받은 사람의 형을 대신 받는 것이다. 그러므로 하나님은 정의를 저버리면서 자비를 베풀지는 않으신다. 온 세상의 재판관이신 하나님은 거룩한 하나님의 법을 무시하지 않으신다. 그러나 하나님은 자비를 베푸신다. 어떻게 그것이 가능한가? 하나님의 진노의 법을 온전히 만족시키는 한 분을 통해서이다. 하나님 자신의 아들이 그를 믿는 모든 사람들을 대신하여 나무 위에서 자신의 몸으로 사람들의 죄를 지심으로써 가능하다. 하나님은 정의로우시면서도 자비로우셨고, 자비로우시면서도 정의로우실 수 있었다. 그러므로 "은혜가 **공의로 말미암아** 다스린다."

하나님은 **의로우시고**, 믿는 모든 자들을 의롭게 하시는 의가 예비되어 있다. 성경은 말한다. "또 이르시되 '이 같이 그리스도가 고난을 받고 제 삼일에 죽은 자 가운데서 살아날 것과 또 그의 이름으로 죄 사함을 얻게 하는 회개가 예루살렘으로부터 시작하여 모든 족속에게 전파될 것이 기록되었으니'" (눅 24:46~47). 또한 "그러므로 형제들아, 너희가 알 것은 이 사람을 힘입어 죄 사함을 너희에게 전하는 이것이며, 또 모세의 율법으로 너희가 의롭다 하심을 얻지 못하던 모든 일에도 이 사람을 힘입어 믿는 자마다 의롭다 하심을 얻는 이것이라" (행 13:38~39). 구주께서 "아버지여, 저희를 사하여 주옵소서"라고 외치신 것은 그가 흘리신 피 때문이었다. "피흘림이 없으면 죄 사함도 없다"라고 말할 수 있는 것은 바로 주께서 드린 속제의 희생 때문이었다.

그리스도는 적들의 죄 사함을 위해 기도하시면서, 바로 그들에게 꼭 필요한 것을 직접 지적하셨다. 그들에게 필요한 것은 아담의 모든 후손들에게 필요한 것이었다. 당신의 죄는 용서받았는가? 죄 사함을 받았는가? 은혜로 "그 아들 안에서 우리가 죄 사함을 얻었도다"(골 1:14)라고 말할 수 있는가?

> 이에 예수께서 가라사대, "아버지여, 저희를 사하여 주옵소서. 자기의 하는 것을 알지 못함이니이다."

7. 구속하는 사랑이 승리했다

본문 누가복음 23장 34절에서 첫 번째 단어, "이에"를 주목해 보자. 바로 앞 구절은 이렇다. "해골이라 하는 곳에 이르러, 거기서 예수를 십자가에 못 박고, 두 행악자도 그렇게 하니, 하나는 우편에 하나는 좌편에 있더라" (눅 23:33). 이에, 예수님은 "아버지여, 저희들을 용서하옵소서"라고 말씀하셨다. "이에"—인간들이 최악의 일을 저질렀을 때. "이에"—인간의 사악한 마음이 무모한 장난에서 드러났을 때. "이에"—창조물들이 더러운 손으로 감히 영광의 주님을 못 박았을 때. 주님은 그들에게 가공할 만한 저주를 퍼부을 수도 있으셨다. 의의 진노를 발하셔서 그들을 칠 수도 있으셨다. 땅을 열어 지옥 구덩이 속에 산 채로 보낼 수도 있으셨다. 그러나 그러지 않으셨다. 말할 수 없는 수치를 당하시고, 뼈아픈 고통을 겪으시며, 멸시를 받으시고, 배척을 당하시며, 미움을 받으셨지만, 주님은 외치셨다. "아버지여, 저희를 사하여 주옵소서." 이것이 바로 구속하는 사랑의 승리였다. 사랑은 "오래 참고...온유하며...모든 것을 참으며...모든 것을 견디느니라" (고전 13:4, 7). 이 사랑이 십자가에서 나타났다.

삼손은 마지막 시간이 다가왔을 때, 적들을 완전히 파괴하는 데 자신의 괴력을 사용하였다. 그러나 완전하신 주는 적들을 용서해 달라고 기도함으로써 사랑의 힘을 나타내셨다. 참으로 비길 데 없는 은혜이다! 스데반조차도 구주께서 세우신 복된 모범을 온전히 따르지는 못했기에 "비길 데가 없다." 사도행전 7장을 보면 그는 먼저 자신을 생각하고 나서 적들을 위해 기도했다—"저희가 돌로 스데반을 치니, 스데반이 부르짖어 가로되, '주 예수여, 내 영혼을 받으시옵소서' 하고, 무릎을 꿇고 크게 불러 가로되, '주여, 이 죄를 저들에게 돌리지 마옵소서.' 이 말을 하고 자니라" (행 7:59~60). 그러나 그리스도는 그 순서가 뒤바뀌었다: 먼저 적들을 위해 기도하신 후, 마지막에 자신을 위해 기도하셨다. **모든 것**에서 그는 뛰어나시다.

이제 적용과 권면의 결론으로 들어가 보자. 만약 믿지 않는 사람이 이 용서의 장을 읽었다면, 우리는 진심으로 그에게 진지하게 생각해 보라고 권할 것이다. 그리스도와 그의 진리를 **알면서도 대항하는 것**은 정말 두려운 일이다! 구주를 못 박은 사람들은 "자기의 하는 것을 알지 못했다." 그러나 당신은 **그렇지가 않다**는 것이 바로 사실이고 중대한 일이다. 그리스도를 구주로 받아들이고, 인생의 주인으로 왕좌를 드리며, 그를 기쁘게 하고 영화롭게 하는 것이 처음이고 마지막 관심사이어야 한다는 것을 **당신은 알고 있다**. 그러므로 당신의 위험이 극히 크다는 것을 말해 주고 싶다. 고의적으로 예수님을 거절하는 것은 죄에서 구원할 **유일한** 분을 거절하는 것이다. 성경은 이렇게 말한다. "우리가 진리를 아는 지식을 받은 후,

짐짓 죄를 범한즉 다시 속죄하는 제사가 없고, 오직 무서운 마음으로 심판을 기다리는 것과 대적하는 자를 소멸할 맹렬한 불만 있으리라"(히 10:26~27).

하나님의 죄 사하심을 복되게 **완성하는** 데 우리는 한 마디 말만 덧붙이면 된다. 많은 하나님의 사람들이 이것을 해결하지 못하고 힘들어 한다. 그들은 예수님을 구주로 영접하기 전에 지은 죄는 모두 용서받았다고 생각하지만, 종종 중생한 **이후**에 지은 죄에 관해서는 확신이 없다. 많은 사람들이 범죄해서 하나님이 베푸신 죄 사함이 사라질 수도 있다고 생각한다. 그리스도의 피가 과거의 죄만 해결하고, 현재와 미래의 죄는 자신들이 알아서 해야 한다고 생각한다. 그렇다면 내게서 언제든지 사라질 수 있는 죄 사함이 무슨 가치가 있을까? 하나님을 받아들이고 천국에 가는 것이 내가 그리스도께 매달리는 것이나 나의 순종과 믿음에 달려 있다면 온전한 평화란 분명 있을 수 없다.

하나님께서 주신 죄 사함은 **모든** 죄─과거, 현재, 미래─를 다 포함한다. 그리스도는 십자가에서 자신의 몸으로 믿는 우리들의 "**죄**"를 지지 않으셨는가? 주께서 돌아가셨을 때 **당신의 모든 죄는** 미래의 죄가 아니었는가? 분명히 그 때 당신은 태어나지도 않았고 죄는 하나도 짓지 않았다. 그러므로 그리스도는 당신의 과거의 죄만큼이나 진실로 "미래"의 죄도 지셨다. 하나님의 말씀은 믿지 않은 영혼이 용서받지 못하는 자리에서 용서받는 자리로 옮겨진다고 가르친다. 그리스도인들은 죄 사함을 받은 **백성**이다. 성령님은 말씀하신다: "주께서 그 죄를 인정치 **않은** 사람은 복이 있도다!"(롬 4:8, 강조 첨가) 믿는 자들은 **그리스도 안에** 있고, 거기서는 죄가 다시 우리에게 있지 않을 것이다. 이것이 하나님 앞에서 우리의 자리이며 위치이다. 그리스도 안이 그가 우리를 붙드시는 곳이다. 나는 그리스도 안에 있기 때문에, 온전히 그리고 영원히 죄 사함을 받았다. 이 땅에서 백 년을 머문다 해도 나의 구원을 건드릴 만큼 죄가 나의 책임을 추궁할 일은 다시는 없을 것이다. 나는 영원히 죄의 자리에서 벗어났다. 성경 말씀에 귀를 기울이라: "또 너희의 범죄와 육체의 무할례로 죽었던 너희를 하나님이 그와 함께 살리시고 우리에게 모든 죄를 사하시고" (골 2:13, 강조 첨가). 여기에서 둘이 하나가 되었음을 주목하라. (하나님이 하나 되게 하신 것을 사람이 나누지 못한다.) 내가 부활하신 주와 연합한 것이 나의 죄 사함과 연관되어 있다! 그렇다면 내 삶이 "그리스도와 함께 하나님 안에 감취었음이니라" (골 3:3), 나는 영원히 죄의 책임을 져야 하는 곳에서 벗어났다. 성경은 말한다. "그러므로 이제 그리스도 예수 안에 있는 자에게는 결코 정죄함이 없나니" (롬 8:1, 강조 첨가)—"모든 죄가" 용서받았다면 어떻게 정죄함이 있을 수 있을까? 하나님이 택하신 자들에게는 어떤 죄의 책임도 물을 자가 없다 (롬 8:33). 믿는 자들은 영원히 모든 것을 사함받았으므로 함께 하나님을 찬양하자.*

---

* 여기에서 다룬 것은 **사법상**(judicial)의 국면이라고 설명할 목적으로만 부언되어야 한다. 요한일서 1장 9절에서 다루는 믿는 사람들이 죄를 지은 후 성도의 교제 가운데로 되돌아오는 **회복시키는**(restorative) 죄 사함은 전적으로 별개의 문제이다.

2

구원의 말씀

The *Word* of *Salvation*

가로되, '예수여, 당신의 나라에 임하실 때에 나를 생각하소서' 하
니, 예수께서 이르시되, '내가 진실로 네게 이르노니, 오늘 네가 나
와 함께 낙원에 있으리라' 하시니라.

누가복음 23:42~43

그 리스도께서 십자가 위에서 하신 두 번째 말씀은 죽어가는
강도의 부탁에 대한 대답이었다. 주님의 말씀을 생각해 보
기 전에 먼저 그들 사이에 있었던 일을 살펴보자.

영광의 주님이 두 강도 사이에서 십자가에 달리신 것은 우연이
아니었다. 하나님께서 다스리시는 세상에서 우연이란 없다. 하물
며 무수한 날 중에 바로 그 날, 무수한 사건 중에 바로 그 사건과
관련하여서는 어떤 우연도 있을 수 없었다. 세상사의 정중앙에 놓
여진 시간과 사건이었다. 아니, 하나님께서는 그 현장을 이끌고 계

섰다. 영원 전부터 하나님은 자신의 아들이 언제, 어디서, 어떻게, 누구와 함께 죽을 것인지 정해 놓으셨다. 우연이나 사람의 변덕이 낄 틈은 없었다. 하나님께서 정해 놓으신 모든 것은 그대로 진행되었고, 영원히 목적하신 것 이외에 다른 어떤 일도 일어나지 않았다. 사람이 무엇을 하였든지 간에 그건 단지 하나님의 손과 권고가 "예비하신 그것을 행하려고" (행 4:28) 하신 것에 불과했다.

빌라도가 주 예수를 두 명의 악한들 사이에 십자가에 못 박으라고 명령했을 때, 그는 아무 것도 모른 채 그저 하나님께서 영원히 예정하신 것을 실행했고 예언의 말씀을 성취했다. 이 로마 관리가 명령을 내리기 700년 전에 하나님은 이사야를 통해 그의 아들이 "범죄자 중 하나로 헤아림을" (사 53:12) 받게 될 것을 선포하셨다. 정말 믿기 어려운 일들이 실제로 일어났다. 거룩하신 하나님께서 사악한 자들과 하나로 헤아림을 받게 된다. 시내산에서 돌판에 율법을 새겼던 손의 주인이 무법자의 자리에 서게 된다. 하나님의 아들이 범죄자들과 함께 처형된다. 이런 일들은 생각조차 할 수 없을 것 같았다. 그러나 실제로 일어났다. 하나님의 말씀은 단 하나도 땅에 떨어질 수 없다. "여호와여, 주의 말씀이 영원히 하늘에 굳게 섰사오며" (시 119:89). 하나님께서 예정하신 그대로, 하나님께서 선포하신 그대로 일은 진행되고 있었다.

왜 하나님은 사랑하는 아들이 두 범죄자 사이에서 십자가에 달리도록 명하셨는가? 분명히 하나님께는 이유가 있었다. 우리가 그것을 분별할 수 있든지 아니면 없든지 간에 선한 이유, 복합적인 이유가 있었다. 하나님은 결코 임의대로 행동하지 않으신다. 모든 것에 대해 선한 목적을 갖고 계신다. 그의 모든 일은 무한한 지혜로 정해지기 때문이다. 특별한 이 경우에 우리의 질문에 대하여 여러 가지 대답이 있을 수 있다. 우리 주께서 헤아릴 수 없는 수치를 당하시고 낮아지신 것을 온전히 보여 주시기 위해 두 강도와 십자가에 달리지 않으셨을까? 탄생의 자리에서 가축들에게 둘러싸였던 주님은 지금 죽음의 자리에서 흉악한 인간들 사이에 계신다. 또한 구주는 우리를 대신하여 서신 자리를 보여 주시기 위해 범죄자들과 같이 계신 게 아니었을까? 그는 마땅히 우리가 서야 할 자리에 계셨다. 바로 수치의 자리, 범죄자의 자리, 죽을 수밖에 없는 죄인의 자리였다! 또한 주님은 이전에도 없었고 이후에도 없을 분에 대한 사람들의 평가가 "경멸"과 거절이었음을 보여 주기 위해 의도적으로 빌라도에게 수치를 당하신 게 아니었을까? 또한 주님이 두 강도 사이에서 못 박히셨기 때문에, 세 개의 십자가와 거기 매달린 자들을 통해 한편의 드라마와 같은 구원과 그에 따른 사람들의 반응—구원자의 구속, 죄인의 회개와 믿음, 죄인의 비난과 거절을 생생하고 구체적으로 보여 줄 수 있지 않았을까?

두 강도 사이에서 주님이 못 박히신 것과 한 강도는 주님을 영접하고 다른 강도는 주님을 거절했다는 사실에서 우리가 얻을 수 있는 또 다른 중요한 교훈은 바로 하나님의 주권이다. 악한 두 명이 함께 십자가에 못 박혔다. 주님과 같은 간격을 두고 매달려 있었다. 둘 다 운명의 여섯 시간 동안 일어난 모든 일들을 보고 들었다. 둘 다 악명 높은 자들이었고, 극심한 고통을 겪으면서 죽어가고 있었고, 당장 죄 사함이 필요했다. 그러나 한 사람은 죄를 안은 채 살았을 때처럼 강퍅하고 완고하게 죽었다. 반면에 다른 사람은 자신의 악을 회개하고, 그리스도를 믿었으며, 주께 자비를 구하여 낙원에

갔다. 이것을 하나님의 주권이 아니라면 달리 뭐라고 설명할 수 있을까!

오늘날에도 이와 똑같은 일들이 일어나고 있다. 아주 똑같은 상황과 조건인데, 한 사람은 마음이 부드러워지고, 다른 한 사람은 그대로이다. 똑같은 설교인데, 한 사람은 냉담한 태도로 흘려버리고, 다른 한 사람은 눈을 떠서 자신의 필요와 의지가 하나님께서 베푸시는 자비함으로 다가가는 것을 본다. 한 사람에게는 드러나고 다른 한 사람에게는 "숨겨진다." 왜 그럴까? 그저 "그렇게 하셔도, 그것이 아버지 보시기에 좋았기 때문입니다"라고 말할 수밖에 없다. 그러나 하나님의 주권이라고 해서 인간의 책임이 없어지는 것은 절대로 아니다. 성경은 분명히 둘 다 언급하고 있으며, 그 둘을 일치시키거나 이해할 수 있든지 없든지 간에 하나님의 주권과 인간의 책임 모두를 믿고 설교해야 하는 것이 우리의 일이다. 하나님의 주권과 인간의 책임을 설교할 때, 듣는 사람들에게 **모순된 말을 한다**고 느낄 수도 있지만, 그리 큰 문제가 될 것은 없다.

작고한 스펄전(C. H. Spurgeon) 목사는 디모데전서 2장 3~4절의 말씀을 설교하면서 이렇게 말했다. "성경이 말씀하시는 대로, '모든 사람이 구원을 받으며 진리를 아는 데 이르기를 원하노라.' 이것이 우리 아버지께서 원하시는 것이라고 저는 믿습니다. 그러나 사람들이 하나님의 아들을 믿지 않는다면 하나님은 아무도 구원하지 않으실 것도 저는 압니다. 왜냐하면 하나님은 그런 사람들을 구원하지 않겠다고 우리에게 계속해서 말씀하셨기 때문입니다. 죄를 버리고 전심으로 주께 돌아서는 자가 아니면 하나님은 아무도 구원하지 않으실 것을 저는 압니다. 또한 하나님께서 죄에서 건지실 백성, 영원한 사랑으로 선택하신 백성, 영원한 능력으로 구원하실 백성이 있다는 것도 저는 압니다. 저는 어떻게 이 두 가지가 서로 일치하는지는 모르겠습니다. 하지만 이것은 제가 알지 못하는 수많은 것 중에 하나일 뿐이죠." 그리고 그 설교의 대가는 이렇게 말했다. "저는 항상 설교해야 하는 것 그리고 항상 설교해 왔던 것들을 반드시 고수할 것입니다. 그리고 제가 그것을 하나님의 다른 말씀과 일치시킬 수 있든지 없든지 간에 하나님의 말씀을 있는 그대로 받아들일 것입니다."

다시 한 번 말하지만, 하나님의 주권은 결코 인간의 책임이 없어지는 것을 의미하지는 않는다. 우리는 하나님께서 영혼의 구원을 위해 정하신 모든 수단들을 부지런히 사용해야만 한다. 우리는 "모든 사람"에게 복음을 전하라는 명령을 받았다. 은혜는 값이 없다. 은혜의 초대는 "믿는 자는 누구든지" 수용할 수 있을 정도로 드넓다. 그리스도는 자신에게 오는 자는 아무도 거절하지 않으신다. 그러나 우리가 모든 것을 한 후에, 우리가 심고 물을 준 후에, "자라게 하시는 이"는 바로 하나님이시며, 하나님은 그의 주권적 의지가 최대한 만족하도록 이 일을 행하신다.

죽어가는 강도의 구원에서 우리는 성경 그 어디에서도 찾아볼 수 없는 승리의 은혜를 명확히 직시한다. 하나님은 모든 은혜의 하나님이시며, 구원은 전적으로 하나님의 은혜에 달려 있다. "너희가 그 은혜를 인하여…구원을 얻었나니" (엡 2:8). 구원은 처음부터 끝까지 "은혜로 말미암는다." 은혜는 구원을 계획하고, 은혜는 구원을 제공하며, 은혜는 선택된 자들에게 또한 그들 안에서 활발히 활동하여 굳어진 마음과 집요한 의지와 증오가 끓어오르는 생각을 극복하고 구원을 기꺼이 **받아들일** 수 있게 한다. 우리의 구원은 은혜가 시작하고, 은혜가 지속하며, 은혜가 정점을 이룬다.

은혜로 말미암는 구원―주권적이고 불가항력적이며 값없이 주시는 은혜―은 신약에서 가르침으로 뿐만 아니라 실례로 설명되고 있다. 그 중에서 가장 눈에 띄는 사건이 아마도 다소 사람 사울과 죽어가는 강도의 구원일 것이다. 그리고 강도의 경우가 바울보다 훨씬 더 눈길을 끈다. 나중에 이방인을 위한 사도 바울이 된 사울은 처음부터 도덕적으로 모범이 되는 인물이었다. 그는 회심하고 수년이 지난 후에, 회심하기 전의 상황에 대해 율법의 의로는 "흠이 없는 자"(빌 3:6)였다고 서신에서 밝히고 있었다. 그는 "바리새인 중에 바리새인"이었다. 행동은 격식에 맞았고 태도는 단정했다. 도덕적으로 그의 인품은 나무랄 데가 없었다. 회심한 **이후**에, 그의 삶은 복음의 의 그 자체였다. 그리스도의 사랑에 매인 자가 되어 죄인들에게 복음을 전하고 성도들을 세우려고 애쓰면서 일생을 온전히 희생하였다. 사도 바울이 그리스도인의 삶의 이상(理想)에 가장 근접했고, 주님을 따르는 데 있어서 그 어느 성도보다 뛰어났다고 말해도 분명히 누구나 동의할 것이다.

그러나 구원받은 강도는 정반대였다. 회심 전에 도덕적인 삶도, 회심 후에 적극적인 섬김의 삶도 없었다. 회심하기 전에는 하나님의 율법이나 사람의 법이나 다 무시했다. 회심한 이후에는 그리스도를 섬길 기회도 갖기 전에 죽어버렸다. 나는 이 점을 강조하고자 한다. 왜냐하면 이 두 가지가 우리의 구원에 기여하는 원인이라고 많이들 생각하기 때문이다. 우리는 하나님께서 우리를 그분의 자녀로 받아 주시기 **전에** 먼저 훌륭한 성품을 개발하여 자격을 갖추어야 하고, 하나님께서 우리를 받아 주신 **후에는** 시범적으로 견습 기간에 있는 것이므로 선한 일을 어느 정도 하지 않는다면 "은혜를 잃고 구원을 잃게" 될 것이라고 생각하기 쉽다. 그러나 죽어가는 강도는 회심 전에나 후에나 **아무런 선행을 하지 않았다.** 그러므로 우리는 그가 구원을 받았다면 확실히 **주권적인 은혜로** 받았다는 결론에 이르게 된다.

죽어가는 강도의 구원은 세속적인 율법주의가 끼어들어서 당연히 하나님의 은혜로 돌려야 할 영광을 빼돌리는 것에 종지부를 찍는다. 잃어버린 죄인의 구원을 비길 데 없는 하나님의 은혜 때문이라고 하기보다 많은 가짜 그리스도인들은 인간의 영향력, 수단, 상황으로 설명하려고 한다. 설교자나 하나님의 섭리에 따른 운 좋은 상황이나 신자들의 기도가 주요 원인으로 간주된다. 이 부분에서 오해하지 말아야 한다. 종종 하나님은 죄인들을 회심시킬 때 기꺼이 인간의 수단들을 사용하시는 것도 사실이다. 하나님은 감사하게도 죄인들을 그리스도께 인도하고자 하는 우리의 기도와 노력에 종종 은혜를 베푸신다. 하나님은 불신하는 자들이 자신들의 상태를 깨닫도록 섭리하실 때도 많다. 그러나 하나님은 이런 일들에 국한되지 않으신다. 인간의 수단에 제한받지 않으신다. 하나님의 은혜는 전능하고, 그가 원하기만 하신다면 은혜는 인간의 수단이 **부족하다** 해도, **불리한** 상황에 처한다 해도 구원할 수 있다. 이것이 바로 구원받은 강도의 경우이다. 숙고해 보라.

그의 회심은 겉으로 보기에 그리스도가 자신은 물론 다른 사람도 구원할 능력을 완전히 상실했을 때 일어났다. 이 강도는 구주와 함께 예루살렘 거리를 지나왔고, 그가 십자가의 무게에 짓눌려 쓰

러지는 것도 보았다. 강도라는 점을 감안해 보면 그가 주 예수를
직접 본 것은 이 날이 처음이었을 가능성이 매우 농후하고, 그가
보았던 예수님은 매순간 연약하고 수치스러운 상황에 놓여 있었다.
그의 적들이 이기고 있었다. 그의 친구들은 대부분 그를 버렸다.
대중은 이구동성으로 그를 비난하였다. 십자가를 지신다는 것 자체
가 메시야와는 전혀 어울리지 않아 보였다. 유대인들에게는 예수님
의 미천한 조건들이 시작부터 걸림돌이었는데, 십자가 처형은 분명
히 그 생각을 더 확고하게 만들었다. 이 처형장 외에 다른 곳에서
그를 본 적이 없는 사람은 특히 더 그렇게 생각했을 것이다. 예수님
을 믿었던 사람들조차도 십자가 처형 때문에 의구심이 일기도 했다.
거기 서 있던 군중 속에 그 누구 하나 손가락으로 가리켜 "보라, 세
상 죄를 지고 가는 하나님의 어린양이로다"(요 1:29)라고 외치는 자가
없었다. 그러나 믿음을 방해하는 장애물들과 어려움들 속에서도 그
강도는 그리스도가 구주이심과 주되심을 깨달았다. 그가 그 상황
속에서 어떻게 그런 믿음과 영적 이해를 가질 수 있었는지 설명할
수 있을까? 이 죽어가는 강도가 고난을 받고 피 흘리며 십자가에
매달린 사람을 자신의 하나님으로 받아들였다는 사실을 어떻게 설
명할 수 있을까? 하나님의 개입과 초자연적인 영향력이 아니라면
설명할 수가 없다. 그가 그리스도를 믿은 것은 은혜의 기적이었다!

또 주목해야 할 것은 강도의 회심이 그날 초자연적인 현상들이
일어나기 前에 있었다는 점이다. 어두워지기 前에, "다 이루었다"는
승리의 외침이 있기 前에, 성전의 휘장이 찢어지기 前에, 땅이 갈라
지고 바위가 터지기 前에, "진정 하나님의 아들이었다"는 백부장의
고백이 있기 前에, 그는 "주여, 나를 생각하소서"라고 외쳤다. 하나

님은 주권적인 은혜가 돋보이고 주권적인 능력이 인정받도록 의도적으로 이 모든 일 전에 그를 회심시키셨다. 하나님은 아무도 주님의 존재를 자랑하지 않을 가장 **불리한** 상황에서 이 강도를 구원하기로 계획적으로 선택하셨다. 하나님은 우리에게 "구원은 주님께 있다"는 것을 가르치시려고, 하나님의 섭리보다 인간의 수단을 더 높이지 말 것을 가르치시려고, 진정한 모든 회심은 성령님의 **초자연적인** 영향력의 직접적인 산물임을 가르치시려고 **말도 안 되는** 조건들과 상황들을 일부러 예정하셨다.

이제 우리는 강도와 그가 한 말들, 그가 주님께 한 요청, 그리고 우리 주님의 반응을 함께 살펴볼 것이다. "가로되, '예수여, 당신의 나라에 임하실 때에 나를 생각하소서' 하니, 예수께서 이르시되, '내가 진실로 네게 이르노니, 오늘 네가 나와 함께 낙원에 있으리라' 하시니라" (눅 23:42~43).

1. 강도는 대표적인 죄인이었다

강도의 회심을 대표적인 경우로, 이 강도 자체를 대표적인 인물로 보고 나서야 이 사건의 본질을 이해하게 될 것이다. 회개한 강도의 본래 인격이 회개하지 않은 강도의 인격보다 더 숭고하고 훌륭했다는 것을 증명하려고 애썼던 사람들이 있다. 그러나 그런 관점은 이 경우에 있어서 사실들과 맞지도 않을 뿐더러, 그의 회심이 가지는 독특한 영광을 가리고, 놀라운 하나님의 은혜에서 멀어지는 것이다. 한 강도가 회개하고 믿기 이전에 두 강도 사이에는 근본적으로 다른 점이 **없었다는** 것이 대단히 중요하다. 본질적으로, 역사적으로, 환경적으로, 그들은 같은 종류의 인간이었다. 성령님은 **두 강도 모두** 고난을 받으시는 구주를 욕하였다는 것을 세밀하게 말씀하신다. "그와 같이 대제사장들도 서기관들과 장로들과 함께 희롱하여 가로되, '저가 남은 구원하였으되 자기는 구원할 수 없도다. 저가 이스라엘의 왕이로다. 지금 십자가에서 내려올지어다. 그러면 우리가 믿겠노라. 저가 하나님을 신뢰하니, 하나님이 저를 기뻐하시면 이제 구원하실지라. 제 말이 나는 하나님의 아들이라 하였도다' 하며, 함께 십자가에 못 박힌 **강도들**도 이와 같이 욕하더라" (마 27:41~44, 강조 첨가).

이 강도의 상황과 행동은 사실 끔찍하다. 인생의 벼랑 끝에 서서 그리스도의 적들과 한 패거리가 되어 그를 조롱하는 엄청난 죄를 짓고 있다. 이것은 전대미문의 타락 행위이다. 이 사람은 죽어가면서도 고난을 받으시는 구주를 조롱하였다. 인간의 부패함과 하나님을 대적하는 세속적인 정신의 본성적 적개심을 적나라하게 보여주고 있다. 태생적으로 당신 안에도 **동일한** 부패가 유전되었고, 하나님의 은혜의 기적이 당신에게 임하지 않았다면 **당신의** 마음속에도 하나님과 그리스도를 대적하는 **동일한** 적개심이 있을 것이다. 그렇게 생각하지 않을지도 모른다. 그렇게 느끼지 않을지도 모른다. 그렇게 믿지 않을지도 모른다. 그러나 그렇다고 해서 사실이 달라지진 않는다.

거짓이 없는 하나님의 말씀은 이렇게 선포한다. "만물보다 거짓되고 심히 부패한 것은 마음이라" (렘 17:9). 이것은 **모든 사람**에게 적용되는 말씀이다. **모든** 인간의 마음 상태는 타고났다는 말이다. 또한 동일한 진리의 말씀은 이렇게 선포한다. "육신의 생각은 하나님과 원수가 되나니, 이는 하나님의 법에 굴복치 아니할 뿐 아니라 할 수도 없음이라"(롬 8:7, 강조 첨가). 또한 아담의 모든 후손의 상태를 진단해 주는 말씀이 있다. "...차별이 없느니라. 모든 사람이 죄를 범하였으매, 하나님의 영광이 이르지 못하더니"(롬 3:22~23, 강조 첨가). 말할 수 없이 마음이 무거워지는 말씀들이지만 깊이 생각해 보아야 한다. 우리의 절망적인 상태를 깨닫고 나서야 구주가 필요하다는 것을 발견한다. 우리의 총체적인 부패와 상처를 알고 나서야 서둘러 위대한 의사에게 달려갈 것이다. 죽어가는 강도에게서 우리 자신의 모습을 발견하고 나서야 "주여, 나를 생각하소서"라고 고백하게 될 것이다.

우리는 먼저 낮아져야 높아질 수 있다. 먼저 거짓 의로움의 추악한 누더기가 벗겨져야 구원의 옷을 입을 준비가 갖추어진다. 먼저 하나님 앞에 빈손으로, 가진 것 없는 자로 나아가야 영원한 생명의 선물을 받을 수 있다. 구원받고자 한다면 하나님 앞에서 잃어버린 죄인의 자리에 서야만 한다. 먼저 자신을 강도라고 인정해야 하나님의 자녀가 될 수 있다. "하지만 전 강도가 아닙니다! 물론 제가 할 도리를 다 하지 못했다는 것은 시인합니다. 완벽하지 않죠. 사실 죄인이라고 인정할 만큼 많이 엇나갔습니다. 하지만 이 강도가 제 상황과 입장을 대표한다는 것은 받아들일 수 없습니다"라고 당신은 말할 수도 있다. 그렇다면 상황은 당신이 생각하는 것보다 훨씬 더 나쁘다. 당신은 강도이며, 그것도 가장 나쁜 강도이다. 당신은 하나님에게서 약탈을 자행하였다!

동양에 있는 한 회사가 서양에서 그들을 대표할 대리인을 한 명을 선임하고 매달 그에게 월급을 주기로 했다고 가정해 보자. 그런

데 이 대리인이 보내 주는 월급은 챙기면서, 내내 **다른 회사를 위해 일했다**는 것을 연말이 되어서 고용주가 알게 되었다고 가정해 보자. 그 대리인은 강도가 아닌가? 이것이 바로 모든 죄인들의 상황과 상태이다. 하나님께서 이 땅에 보내셨고 사용하고 개발할 재능과 능력을 주셨다. 하나님께서 건강과 힘으로 복을 주셨다. 필요한 모든 것을 채워 주시고, 하나님을 섬기고 영화롭게 할 수많은 기회를 허락하셨다. 하지만 그 결과는 어떠했는가? 하나님께서 주셨던 것들이 고스란히 **횡령되었다**. 죄인은 **다른 주인**, 그것도 사탄을 섬기고 있었다. 죄짓는 데 빠져 힘을 허비하고 시간을 낭비했다. 하나님을 약탈했다. 하늘에서 보았을 때 구원받지 못한 자는 그 강도처럼 절망적인 상황이고 사악한 마음을 지녔다. 그에게서 자신의 모습을 발견하라.

2. 인간은 절망적인 상황에 처할 때 구원받을 수 있다

지금까지 죽어가는 강도를 죄인의 대표자이며, 본성적으로 또 실제적으로 모든 사람의 표본으로 고찰해 보았다. 본래 그는 하나님과 그리스도를 대적하는 적개심이 가득하고, 실제로는 하나님이 주신 것을 오용하고, 마땅히 하나님께 드려야 할 것을 가로챈 강도였다. 이제 십자가에 못 박힌 이 강도가 회심에서도 대표적인 사례라는 것을 살펴보겠다. 여기에서는 그가 단지 **무기력하다**는 것을 깊이 고찰해 볼 것이다.

우리 자신을 잃어버린 죄인으로 보는 것만으로는 충분하지 않다. 본성은 타락하고 부패했으며, 실제로 죄가 가득한 범죄자임을 아는 것이 제일 중요한 깨달음이다. 그 다음이 우리는 완전히 끝장이 났고, 우리 자신을 위해 할 수 있는 것이 **아무 것도 없**다는 것을 깨닫는 것이다. 우리의 상황이 너무나 절망적이어서 인간이 전혀 **손쓸 수 없**다는 것을 발견하는 것이 인간 편에서 보는 구원을 향한 두 번째 단계이다. 그러나 인간이 잃어버린 죄인이며 거룩하신 하나님께 나아갈 자격이 없다는 것을 늦게 깨달으면, 구원을 위해 할 수 있는 것이 없고 하나님께 나아가기 위해 스스로 계발하려고 애쓸 수 없다는 것을 인정하는 것이 훨씬 더디게 된다. 우리가 "연약한 때"이며 (롬 5:6), "병자들"이고 (요 5:3), 하나님께서 우리를 구원하시는 것이 우리의 의로운 행위가 아니라 오직 그의 긍휼하심 (딛 3:5) 때문이라는 것을 깨닫고 나서야 비로소 우리는 우리 자신을 **포기**하고 우리를 구원하실 수 있는 그분에게 눈을 **돌릴** 것이다.

성경에서 말하는 죄의 전형(典型)은 **문둥병**으로, 인술로는 치료가 불가능하다. 오직 하나님만이 이 무서운 질병을 다루실 수 있다. 죄도 마찬가지이다. 그러나 이미 말한 바와 같이 인간은 더디 깨닫는다. 마치 탕자와 같다. 그는 먼 타국에서 방탕한 생활로 가진 것을 모두 탕진하고 나서 "궁핍"하게 되어서야 곧장 아버지 집으로 돌아오지 않고 "가서 그 나라 백성 중 하나에게 붙어" (눅 15:15) 살았다. 그리고 들로 나가 돼지를 치는데, 다시 말하면, 그는 일을 했다. 마치 벼랑 끝에 내몰린 죄인이 곧장 그리스도께 나아가기보다는 자신의 노력으로 하나님의 호의를 얻으려는 것과 같다. 그러나 죄인의 벌이는 돼지가 먹는 쥐엄 열매가 고작이었던 탕자와 다를 바가 없을 것이다. 혹은 긴 세월 동안 혈루증을 앓았던 여인과도 같다. 위대한 의사를 찾기 전에 그녀는 수많은 의사들을 찾아 헤맸다.

그래서 죄를 자각한 죄인은 구원과 평안을 구하려고 여기저기 돌아다니다가 여러 종교를 전전하면서 지치고 결국에는 "아무 효험도 없고 도리어 더 중하게" (막 5:26) 된다. 그 여인은 "있던 것도 다 허비"하고 나서야 그리스도를 찾았다. 죄인은 자기 밑천이 **바닥**이 난 후에야 구주를 의지한다.

어떤 죄인이든지 구원받기 전에 먼저 연약함을 깨달아야만 한다. 이것이 바로 죽어가는 강도의 회심이 우리에게 시사하는 바이다. 그가 무엇을 할 수 있었을까? 그는 의의 길을 걸을 수도 없었다. 두 발에 못이 박혔기 때문이다. 그는 그 어떤 선한 일도 할 수 없었다. 두 손에 못이 박혔기 때문이다. 그는 마음을 새롭게 하여 더 나은 삶을 살 수도 없었다. 죽어가고 있기 때문이다. 자기 의를 위해 행동할 준비가 되어 있는 당신의 손과 너무나 민첩해서 순종에 방해가 되는 당신의 발은 십자가에 못 박아야만 한다. 죄인은 자신의 수고를 **끊어버리고** 순순히 그리스도의 구원을 받아들여야 한다. 죄로 가득한 자신을, 상실된 자신을, 무기력한 자신을 깨닫는 것이 다름 아닌 고전적인 죄의 자각이다. 그리고 이것이 구원을 위해 그리스도께 나아가기 위한 **유일한** 전제 조건이다. 왜냐하면 그리스도 예수는 **죄인들**을 구하기 위해 이 세상에 오셨기 때문이다.

3. 회개와 믿음의 의미를 보여 준다

회개는 다양한 측면에서 생각해 볼 수 있다. 그 의미와 범위 안에는 죄에 대한 생각의 변화와 죄를 슬퍼하고 버리는 것이 포함된다. 그러나 회개는 단지 그것만이 아니다. 실제로 회개는 우리의 상실된 상태를 깨닫고, 타락을 발견하며, 스스로를 평가하고, 잃어버린 신분을 인정하는 것이다. 회개는 지적인 과정이 아니라 하나님 앞에서 양심의 능동적 활동이다. 바로 이것이 강도의 사례가 보여 주는 것이다. 첫째, 그는 다른 강도에게 "네가 동일한 정죄를 받고서도 하나님을 두려워 아니하느냐"(눅 23:40)라고 말한다. 조금 전만 하더라도 그는 구주를 비난하는 다른 사람들과 함께 목소리를 높였다. 그러나 성령께서 그에게 역사하셨고, 이제 그의 양심은 하나님 앞에서 능동적으로 움직인다. "벌을 두려워 아니하느냐"가 아니라 "하나님을 두려워 아니하느냐"였다. 그는 하나님을 심판자로 깨닫는다. 그리고 나서 그는 이렇게 말한다. "우리는 우리의 행한 일에 **상당한 보응**을 받는 것이니 이에 당연하거니와" (눅 23:41, 강조 첨가). 그는 자신의 죄와 처벌의 정당성을 인정한다. 스스로에게 선고를 내린다. 변명도 하지 않고 형을 줄이려는 시도도 하지 않는다. 자신이 범죄자이며 자기에게 내려진 죽음을 죄의 대가로 당연히 받아야 한다고 인정한다.

당신은 하나님 앞에서 이런 자세를 가진 적이 있는가? 하나님께 죄를 솔직히 고백한 적이 있는가? 자신 스스로를 그리고 자신의 수단들을 심판한 적이 있는가? **죽음**이 "응당 받아야 할 것"이라고 인정할 준비가 되어 있는가? 죄를 변명하거나 얼버무리는 것은 그리스도로부터 자신을 차단하는 것이다. 그리스도는 죄인들—자백하는 죄인, 하나님 앞에서 실제로 **죄인임을 자처하는** 죄인, **잃어버렸고 끝장난** 죄인이라고 생각하는 죄인—을 구원하러 이 세상에 오셨다.

이 강도의 "하나님을 향한 회개"에는 "우리 주 예수 그리스도를 향한 믿음"이 있었다. 그의 믿음을 생각해 보면, **머리로 아는 지적인 믿음**이었다는 것을 우선 주목할 수 있다. 이 장의 앞부분에서 하나님의 주권과 거부할 수 없는 승리의 은혜를 살펴보았는데, 이것이 이 강도의 회심에서 나타났다. 이제 고려할 가치가 있는 진실의 또 다른 면을 보자. 이전에 말했던 것과 모순되는 것이 아니라 오히려 그것을 보충해 주고 보완해 주는 이면(異面)이다. 성경은 하나님이 어떤 영혼을 구원받도록 선택하셨다면 그가 믿든지 안 믿든지 상관없이 **구원받을 것**이라고 가르치지 않는다. 이것은 진실을 거부하는 사람들이 이끌어 낸 잘못된 결론이다.

성경은 목적을 예정하신 하나님이 방법도 예정하신다고 말한다. 죽어가는 강도의 구원을 예정하셨던 하나님은 그에게 믿는 믿음도 주셔서 자신의 계획을 **완성하셨다.** 이것이 데살로니가후서 2장 13절과 그 외 성경 말씀들이 명백하게 가르치는 것이다. "하나님이 처음부터 너희를 택하사 성령의 거룩하게 하심과 진리를 믿음으로 구원을 얻게 하심이니." 이것이 바로 강도와 관련하여 우리가 살펴보려는 것이다. 그는 "진리를 믿었다." 그의 믿음은 하나님의 말씀을 붙잡았다.

십자가 위의 패에는 "예수, 유대인의 왕"이라고 쓰여 있었다. 빌라도는 그것을 조롱거리로 붙여 두었다. 그러나 그것은 진리였고, 빌라도가 그 패를 붙이라고 명령한 후에 하나님은 빌라도가 그것을 바꾸도록 허락하지 않으셨다. 그 패는 예루살렘 거리를 가로질러 십자가 처형장까지 예수님의 머리 위에 달려 있었고, 그것을 읽은 강도는 하나님의 은혜와 능력을 힘입어 그것이 진리라는 것을 볼 수 있는 눈이 열어졌다. 그는 믿음으로 그리스도의 왕 되심을 이해했다. 그래서 "당신의 나라에 임하실 그 때에"라고 말했다. 믿음은 항상 기록된 하나님의 말씀에 근거를 둔다.

예수님이 그리스도이심을 믿기 전에 먼저 그가 실제로 그리스도이심을 주님 앞에서 고백해야만 한다. 종종 머리로 믿는 믿음과 마음으로 믿는 믿음을 구분하는데, 실제적이고 꼭 필요하기 때문에 그런 구분이 적절하다. 때로 머리로 아는 믿음은 소용이 없다는 말들을 하지만 그것은 어리석은 말이다. 마음으로 느끼기 전에 먼저 머리로 아는 믿음이 있어야 한다. 주 예수를 **마음으로** 믿어 구원받기 이전에 **지적으로** 알아야 한다. 이단들을 보면 분명히 알 수 있다. 그들은 머리로 아는 믿음이 없기에 마음으로 느끼는 믿음도 없다. 물론 마음으로 믿는 믿음이 없다면 머리로만 아는 믿음으로는 구원을 받을 수 없다. 그러나 먼저 알지 못한다면 마음으로 믿는 믿음은 불가능하다고 확신한다. 어떻게 **들어보지도 못한** 그리스도를 **믿을** 수 있을까? 사실, 그리스도를 **믿지** 않더라도 알 수는 있다. 그러나 알지 못하면서 믿을 수는 없다. 죽어가는 강도도 마찬가지였다. 죽음이 기다리는 그 날 전에 그리스도를 본 적은 분명히 없었겠지만, 그는 그리스도의 왕 되심을 선포하는 그 패를 보았고, 성령께서 이를 그의 믿음의 기반으로 사용하셨다. 그러므로 그의 믿음은 지적인 믿음이었다. 그에게 보인 패의 증거를 믿은 지적인 믿음이 먼저였고, 그리고 나서 그리스도를 죄인들의 구주로 신뢰한 것이 마음의 믿음이었다.

이 죽어가는 강도는 **그리스도를 의지하여 구원받는 마음의 믿음**을 실제로 보여 주었다. 단순하게 보자. 주 예수를 아는 믿음은 있지만 죄악 가운데서 헤매는 사람이 있다. 역사적인 그리스도에 대해서는 알고 있지만 그것은 역사 속의 나폴레옹을 알고 있는 것과 다를 바가 없다. 당신도 구주에 대해, 그 완벽한 생애, 희생적인 죽음, 승리의 부활, 영광스러운 승천, 약속하신 재림에 대해 모두 알고 있을지도 모른다. 그러나 그것으로 다 끝난 게 아니다. 복음의 믿음은 신뢰하는 믿음이다. 구원의 믿음은 올바른 의견이나 일련의 논리, 그 이상의 것이다. 구원하는 믿음은 모든 이성을 초월한다. 이 죽어가는 강도를 보라! 그리스도께서 그를 주목하신다는 것이 가당하기나 한가? 그는 십자가에 못 박힌 강도이며, 스스로도 죄인이라고 고백하는 범죄자이고, 몇 분 전까지만 해도 예수님을 욕했던 자이다! 구주께서 그에게 신경 쓰시는 게 말이나 되는가? 그가 지옥의 제일 밑바닥에서 천당으로 옮겨지도록 기대하는 것이 제 정신인가? 머리는 계산을 하겠지만 마음은 그렇지 않다. 이 사람의 간청은 마음에서 우러난 것이다. 그는 손과 발을 사용하지 않았다. (이는 구원을 위해 필요한 것도 아니며 오히려 방해가 된다.) 그는 마음과 입을 사용하였다. 마음과 입은 자유롭게 믿고 고백할 수 있었다. "사람이 마음으로 믿어 의에 이르고 입으로 시인하여 구원에 이르느니라" (롬 10:10).

또한 그의 소박한 믿음을 주목해 볼 수 있다. 그는 수줍게 기도했다. "주여, 나를 영광되게 하소서"나 "주여, 나를 높여 주소서"가 아니라 "주여, 괜찮으시다면 저를 기억해 주소서! 그저 저에게 눈길 한번 주소서!"—"나를 생각하소서"였다. 그러나 "생각하소서"라는 말은 충분하고도 적절했다. "나를 용서하시고, 구원하시고, 복을 주옵소서"라고 말할 수도 있었다. 그러나 "생각하소서"는 이 모든 것을 내포했다. 그리스도의 마음을 얻는 것은 그의 모든 유익을 얻는 것을 의미할 것이다. 더구나, 이 말은 이 말을 언급한 사람의 상황과 너무나 잘 맞았다. 그는 사회에서 내쳐진 자였다. 누가 그를 생각이나 할 것인가! 대중들은 다시는 그를 생각하지 않을 것이다. 그의 친구들은 집안의 수치거리였던 그를 잊어버리게 되어서 기뻐했을 것이다. 그러나 그가 감히 "주여, 나를 생각하소서"라고 간청 드릴 수 있는 한 분이 계신다.

마지막으로, 우리는 그의 용기 있는 **믿음**을 주목해 볼 수 있다. 첫눈에는 분명하게 보이지 않을 수도 있지만, 조금만 생각해 보면 용기 있는 믿음이라는 것이 확실해진다. 가운데 십자가에 매달린 이에게 모든 눈들이 쏠려 있고, 폭도들의 악의에 찬 조롱거리가 쏟아지고 있었다. 군중들 여기저기서 구주를 향한 비웃음이 터져 나왔다. 마태는 이렇게 기록하고 있다. "지나가는 자들은 자기 머리를 흔들며, 예수를 모욕하며," "그와 같이 대제사장들도 서기관들과 장로들과 함께 희롱하여." 누가는 이렇게 말한다. "군병들도 희롱하면서" (눅 23:36). 그러므로 왜 강도들도 비아냥거리는 소리를 내뱉었는지는 쉽게 이해할 수 있다. 그들이 비아냥거릴 때 대제사장들과 서기관들은 분명히 미소를 내비쳤을 것이다. 그러나 갑자기 변화가 생겼다. 참회한 강도가 계속 그리스도에게 빈정대는 대신 십자가 주위에 모여선 구경꾼들이 듣는 앞에서 드러내 놓고 자신의 동료를 꾸짖고 있다. "이 사람의 행한 것은 옳지 않은 것이 없느니라" (눅 23:41). 그렇게 함으로써 그는 유대 민족 전체를 **책망**했다! 그러나 여기에서 끝나지 않았다. 그는 그리스도의 죄 없으심을 증거할 뿐만 아니라 그의 왕 되심을 고백했다. 단 한 마디 말로 동료뿐만 아니라 군중 모두의 눈 밖에 나 버렸다! 오늘날 우리는 사람들 앞에서 공공연하게 그리스도의 증인이 되는 용기를 이야기하지만, 그날 죽어가는 강도가 보여 주었던 용기 앞에서 오늘날의 용기는 무색해진다.

4. 놀라운 영적 깨달음의 사례였다

죽어가는 몇 시간 동안 이 사람이 보여 준 진보는 그야말로 경이로움 그 자체이다. 주님의 은혜와 주를 아는 지식의 성장이 놀라웠다. 짧게 기록된 그의 말에서 그가 성령님의 가르침을 통해 깨달은 **일곱** 가지를 발견할 수 있다.

첫째, 그는 의로우시고 죄를 벌하시는 하나님께서 **상벌**을 주신다는 **내세**에 대한 믿음을 표현한다. "하나님을 두려워 아니하느냐"는 말이 증명하고 있다. 그는 동료를 날카롭게 질책한다. 어찌 감히 네가 이 죄 없는 사람을 조롱하고 벌을 감당할 수 있겠느냐? 잠시 후면 하나님 앞에 서야 할 것이며, 십자가형을 선고받은 자리보다 훨씬 더 큰 심판의 자리를 대면할 것임을 명심하라. 하나님은 두려운 분이시니 입을 다물라.

둘째, 이미 살펴본 대로, 그는 자신이 죄로 가득한 것을 보았다. "하나는 그 사람을 꾸짖어 가로되, '네가 동일한 정죄를 받고서도 하나님을 두려워 아니하느냐? 우리는 우리의 행한 일에 상당한 보응을 받는 것이니 이에 당연하거니와, 이 사람의 행한 것은 옳지 않은 것이 없느니라' 하고" (눅 23:40~41). 그는 자신이 범죄자임을 인정했다. 죄는 마땅히 벌을 받아야 하고 "정죄"가 정당한 것임을 깨달았다. 죽음이 자신의 "당연한 몫"임을 고백했다. 이것이 바로 그의 동료가 고백하지도 인정하지도 않은 것이었다.

셋째, 그는 그리스도의 죄 없으심을 증언했다. "이 사람의 행한 것은 옳지 않은 것이 없느니라"(눅 23:41). 여기에서 우리는 아들의 흠없는 성품을 지키려고 애쓰시는 하나님을 볼 수 있다. 특히 죽음을 향해 가면서 명백히 드러난다. 유다는 후회하며 "내가 무죄한 피를 팔고"라고 말했다. 빌라도는 "이 사람에게서 죄를 찾지 못하였다"라고 증언했다. 빌라도의 아내는 "저 옳은 사람에게 아무 상관도 하지 마옵소서"라고 말했다. 그리고 이제 그리스도가 십자가에 달리자 하나님은 이 강도의 눈을 열어 사랑하는 아들의 죄 없음을 보게 하시고, 그의 입을 열어 주님의 위대하심을 고백하게 하셨다.

넷째, 그는 그리스도의 죄 없으신 성품만 증거한 것이 아니라 하나님 되심도 고백했다. "주여, 나를 생각하소서"라고 말했다. 이것은 정말 믿기 어려운 말이다. 구주는 유대인들에게는 증오의 대상이며 폭도들에게는 비웃음거리인 십자가에 못 박혀 있었다. 대제사장들의 조롱하는 소리도 들었다. "네가 만일 하나님의 아들이어든 십자가에서 내려오라." 아무런 반응도 없었다. 그러나 그는 눈으로 보이는 것이 아니라 믿음으로 감동받아 가운데 십자가에 매달려 고난을 받는 자가 하나님이심을 인정하고 고백한다.

다섯째, 그는 주 예수 그리스도가 구주이심을 믿었다. 그는 그리스도께서 원수들을 위해 "아버지여, 저들을 용서하옵소서"라고 기도하시는 것을 들었다. 주님께 마음을 연 사람에게는 이 짧은 한마디가 구원의 말씀이 되었다. "주여, 나를 생각하옵소서"라는 간청에는 "주여, 나를 구원하소서"가 내포되어 있고, 주 예수를 구원자로 믿는 믿음이 담겨져 있었다. 실제로 그는 예수님을 죄인의 괴수를 위한 구원자로 믿는 게 분명했다. 그렇지 않았다면 어찌 감히 그리스도가 자신과 같은 사람을 "생각"하리라고 믿을 수 있었겠는가!

여섯째, 그는 그리스도의 왕 되심을 믿었다. "당신의 나라에 임하실 때에." 이 또한 놀랍기 그지없는 말이다. 바깥으로 보이는 모든 환경은 그의 왕 되심과 모순 되게 보였다. 왕좌에 좌정하시기는커녕 십자가에 매달려 계셨다. 왕관을 쓰시기는커녕 이마에는 가시면류관이 둘려 있었다. 하인들의 수행을 받기는커녕 범죄자 취급을 받으셨다. 그럼에도 불구하고 그는 왕이셨다—유대인의 왕 (마 2:2).

마지막으로, 그는 그리스도의 재림을 기대했다—"임하실 때에." 그는 현재를 뛰어넘어 미래를 내다보았다. "고난"을 넘어 "영광"을 보았다. 믿음의 눈은 십자가 위에 있는 왕관을 감지했다. 이는 불신으로 눈이 가려진 제자들보다 앞선 것이었다. 그는 모욕으로 얼룩진 초림을 넘어 능력과 영광으로 가득한 재림을 내다보았다.

이 죽어가는 강도의 영적 깨달음을 어떻게 설명할 수 있을까? 언제 그리스도에 대해 이런 통찰력을 얻었을까? 왜 이 풋내기가 영적 학교에서 그렇게 괄목할 만한 성장을 이루었을까? 오직 하나님의 영향이라고 말할 수밖에 없다. 성령께서 그의 스승이셨다! 살과 피를 가진 사람은 그에게 이러한 일들을 가르치지 않았다. 오직 하늘에 계신 아버지가 밝히 보이셨다. 영적인 일들이 "지혜롭고 슬기 있는 자들에게는" 숨겨지고 "어린아이들"에게는 드러난다는 것을 실제로 보여 주고 있다!

5. 그리스도는 구원자이시다

십자가들은 겨우 몇 발자국 떨어져 있었고 구주는 회개하는 강도의 울부짖음을 곧바로 들으셨다. 예수님은 어떻게 반응하셨는가? "넌 이렇게 당할 만하다. 사악한 강도라서 죽어 마땅해"라고 말씀하실 수도 있었다. 아니면 "너무 늦었어. 날 좀 더 일찍 찾아 왔어야지"라고 대답하실 수도 있었다. 그러나 주님은 "내게로 오는 자는 거절하지 않겠다"라고 약속하셨다. 이것이 여기에서 입증되었다.

주 예수께서는 군중들이 던지는 비난 소리를 신경 쓰지 않으셨다. 십자가에서 내려와 보라는 대제사장들의 모욕에도 반응하지 않으셨다. 그러나 믿고 참회하는 자의 기도 소리에는 귀를 기울이셨다. 어둠의 세력과 씨름하면서 자기 백성들의 무거운 죄짐을 감당하시던 시간이었다. 그러니 개인의 요청쯤이야 잠시 사양하실 수도 있었다. 그러나 나아오는 죄인을 그리스도께서 **거절하시는** 순간은 있을 수 없다. 주님은 지체하지 않으시고 강도에게 평안을 약속하신다.

회개하고 믿은 강도의 구원을 통해 **기꺼이** 죄인을 용서하시는 주님뿐만 아니라 구원의 **능력**이 충만하신 주님을 볼 수 있다. 주 예수께서는 연약한 구주가 아니시다. 그를 통해 하나님께 나아오는 자는 "누구든지 구원"하실 수 있다. 이것이 십자가에서만큼 극명하게 보여진 적이 없었다. 십자가에서는 구원자가 "연약"한 때였다 (고후 13:4). 강도가 "주여, 나를 생각하옵소서"라고 외칠 때, 구주는 저주받은 나무 위에서 고난당하고 계셨다. 그러나 심지어 그럴 때라도, 그런 곳에서도 영혼을 죽음에서 구원하시고, 천국의 문을 여실 수 있는 능력이 있으셨다. 그러므로 구주의 무한하신 능력은 의심이나 문제가 될 게 없다. 죽음의 문턱에 계셨을 때도 구원하실 수 있었다면 무덤에서 일어나 승리하시고 다시는 죽지 않으실 지금은 더 말할 여지도 없다. 그리스도는 이 강도를 구원하시면서 가장 힘든 시간에도 능력을 보여 주셨다.

죽어가는 강도의 구원은 주님께서 그에게 오는 자는 누구든지 기꺼이 구원하시며, 또 구원하실 수 있다는 것을 입증해 준다. 회개하고 믿은 이 강도를 그리스도께서 받아 주셨다면, 주께서 받아 주시지 않을까 봐 절망할 이유는 아무에게도 없다. 그저 그리스도께 가기만 하면 된다. 이 죽어가는 강도가 하나님의 자비의 손길 안에 있었다면 하나님의 은혜의 초대를 받지 않은 사람은 없다. 인자는 "잃어버린 자를 찾아 구원하러" (눅 19:10) 이 땅에 오셨고, 아무도 그의 눈을 피해 숨을 수 없다. 그리스도의 복음은 "모든 믿는 자에게" 하나님의 능력이다 (롬 1:16, 강조 첨가). 하나님의 은혜를 제한하지 말라. 구주는 바로 죄인 중에 괴수를 위해 오셨다 (딤전 1:15). 오직 믿기만 하면 된다. 죽어가면서도 아직 죄 중에 있는 자들에게도 소망은 있다. 개인적으로 나는 임종의 침상에서 구원받은 사람들은 거의 없을 거라고 믿고, 죽기 직전까지 구원을 미루는 사람이 제일 어리석다고 생각한다. 왜냐하면 아무도 침대에 누워서 죽을 거라는 보장이 없기 때문이다. 많은 사람들이 누워 볼 겨를도 없이 갑자기 죽는다. 그러나 임종의 침상에 있는 자일지라도 하나님의 자비의 손길 안에 있다. 어떤 청교도는 이렇게 말했다. "성경에는 아무도 절망할 필요가 없는 사례를 기록하고 있다. 그러나 단 한번의 사건이며, 아무도 상상할 수 없는 일이었다."

그리스도는 구원자이시다. 그는 이 세상에 죄인들을 구원하려고 오셨고, 이 세상을 떠나면서 구원하신 강도, 구속하시는 피의 첫 번째 열매와 함께 낙원으로 가셨다!

6. 구원받은 자의 죽음에서의 운명을 말한다

앤더슨 베리(Anderson-Berry) 박사의 탁월한 저서 『그리스도의 가상 칠언』(The Seven Sayings of Christ on the Cross)을 보면, 흠정역(King James Version)에서 "오늘"이라는 말의 위치가 틀렸으며, 강도의 요청과 그리스도의 응답으로 이루어진 대화에서 그리스도의 응답은 어순이 달라져야 한다고 지적한다. 그리스도의 응답 형태는 분명히 강도의 요청 순서와 부합하게 되어 있다. 두 대화를 대구(對句)를 이루게 정렬하면 확실히 나타난다.

가로되	And he said unto Jesus
예수께서 이르시되	And Jesus said unto him
예수여	Lord
내가 진실로 네게 이르노니	Verily I say unto thee
나를 생각하소서	Remember me
네가 나와 함께 있으리라	Shalt thou be with me
임하실 때에	When thou comest
오늘	Today
당신의 나라에	Into thy kingdom
낙원에	In paradise.

이렇게 배열해 보면 올바른 강조점을 발견하게 된다. "오늘"이 강조된 말이다. 강도의 요청에 은혜를 베푸시는 주님의 응답은 하나님의 은혜가 어떻게 인간의 기대를 능가하는지를 보여 주는 놀라운 예이다. 강도는 주님의 나라에 임하실 때에 생각해 달라고 기도

했지만, 그리스도는 그 날이 지나기도 전에 구원자와 함께 있을 것이라고 그에게 확실히 말씀하셨다. 강도는 이 땅의 나라에서 생각해 달라고 간청했지만, 그리스도는 낙원을 보증하셨다. 강도는 그저 "생각하소서"라고 요청했지만, 구세주는 "함께" 있을 것이라고 선포하셨다. 그러므로 하나님은 우리가 간구하고 생각하는 모든 것 **이상으로** 풍성히 넘치게 행하신다.

그리스도의 대답은 육체가 죽고 나서 영혼이 살아 있다는 것을 의미할 뿐만 아니라 믿는 자는 죽음과 부활 사이의 중간 기간 동안 **주님과 함께** 있다는 것을 말해 준다. 이것을 강조하기 위해 그리스도께서는 형식적인 말 같지만 확실한 단어를 맨 앞에 붙이셔서 "**진실로 네게 이르노니**"라고 약속하셨다. 스데반이 순교할 때에 힘이 되었던 것은 바로 죽어서 그리스도에게 간다는 이 소망이었다. 그래서 그는 "주 예수여, 내 영혼을 받으옵소서"(행 7:59)라고 부르짖었다. 사도 바울이 "떠나서 **그리스도와 함께** 있을 욕망을 가진 이것이 더욱 좋으나"(빌 1:23, 강조 첨가)라고 말했던 것도 바로 이 복된 소망 때문이었다. 믿는 자들은 모두 죽고 나서 그저 무덤에 의식 없이 누워 있는 것이 아니라 그리스도와 함께 **낙원에** 있게 **된다.** 이것은 "믿는 자들"에게 해당하는 것이다. 믿지 않는 영혼들은 낙원에 가는 대신에 주님께서 누가복음 16장에 분명히 가르치신 대로 고난을 받는 곳으로 가게 된다. 만약 지금 죽는다면 **당신의** 영혼은 어디에 가겠는가?

하나님의 성도들에게서 이 복된 소망을 숨기려고 사탄이 얼마나 고군분투하는지 모른다! 죽음과 부활 사이에 믿는 자들은 의식 없는 상태라는 우울하기 짝이 없는 잠든 영혼의 교리를 퍼뜨리고 다니는가 하면, 끔찍한 연옥(煉獄)을 고안해 내서 믿는 자들이 죽은 후에 정화되어 천국에 들어갈 수 있도록 불을 통과한다는 생각으로 겁을 주고 있다. 그리스도께서 강도에게 하신 말씀은 너무나 완벽해서 하나님을 욕되게 하는 모든 기만들을 다 물리치고도 남는다. 강도는 십자가에서 곧바로 낙원으로 갔다! 죄인은 믿는 순간에 바로 "빛 가운데서 성도의 기업의 부분을 얻기에 합당하게" (골 1:12) 된다. "저가 한 제물로 거룩하게 된 자들을 영원히 온전케 하셨느니라" (히 10:14). 우리의 **자격**은 물론 그리스도 앞에 우리가 **합당하게 되는** 것은 오로지 그의 흘리신 피에 근거한다.

7. 구주는 사귐을 고대하신다

구주와 사귀면서 우리는 은혜의 극치와 그리스도인의 온전한 특권을 맛본다. 사귐보다 더한 것은 없다. 하나님은 우리를 "그의 아들 예수 그리스도 우리 주로 더불어 교제케" (고전 1:9) 하시려고 부르셨다. 우리는 종종 "섬기기 위해 구원받았다"라는 말을 듣는다. 이 말이 사실이긴 하지만, 진리의 일부분일 뿐이지 구원에서 가장 경이롭고 복된 부분은 결코 아니다. 우리는 사귐을 위해 구원받는다. 하나님께는 그리스도가 이 땅에 오셔서 죽으시기 전에도 수많은 "종들"이 있었다—**천사들**이 항상 하나님의 명령을 수행한다. 그리스도는 종들을 확보하기 위해 오신 것이 아니라 그와 함께 교제할 자들을 얻기 위해 오셨다.

천국이 성도들의 마음을 가장 설레게 하는 이유는 모든 슬픔과 고난에서 해방되는 곳이기 때문도 아니고, 주 안에서 사랑했던 사람들을 다시 만나는 곳이기 때문도 아니며, 황금길과 진주문과 옥담이 있는 곳이기 때문도 아니다. 이 모든 것도 좋지만, **그리스도가 안 계신 천국은 천국일 수 없다.** 믿는 자들이 마음으로 바라고 갈망하는 것은 그리스도이다―"하늘에서는 주 외에 누가 있으리요? 땅에서는 주 밖에 나의 사모할 자 없나이다"(시 73:25). 가장 놀라운 일은 주께서 구속한 자들이 주께 모이기 전에는 천국이 그리스도께 진정한 의미에서 천국이 아니라는 것이다. 주님이 진정으로 바라는 것은 그의 성도들이다. 다시 오셔서 "우리를 **주께로** 영접하는 것"이 주님의 즐거운 기대이다. 영혼의 산고(産苦)를 통해 얻으신 사람들과 교제를 나누시고 난 후에야 주님은 온전히 **만족**하실 것이다.

주께서 죽어가는 강도에게 하신 말씀이 의미하고 확증하는 바는 이러하다. 강도의 간청은 "예수여, 나를 생각하옵소서"였다. 주님의 응답은 무엇이었는가? 주의 깊게 살펴보라. 그리스도는 그저 "내가 진실로 네게 이르노니, 오늘 네가 낙원에 있으리라"고 말씀하시면서 강도의 두려움을 잠재우지 않으셨다. 구주는 그것으로 만족하지 않으셨다. 주님은 바로 그 날 그 영혼이 주님의 귀한 피로 구원받아 **주님과 함께** 낙원에 있을 것이라는 사실을 염두에 두고 계셨다. 다시 말하지만, 이것은 은혜의 극치이며 그리스도인의 온전한 복이다.

사도 바울은 "떠나서 그리스도와 함께 있을 욕망"(빌 1:23)을 말했다. "몸을 떠나"―모든 고난과 근심에서 자유롭게 되는 것일까? 아니다. "몸을 떠나"―영광스럽게 변모하는 것일까? 아니다. "몸을 떠나...주와 함께 거하는 것이니라"(고후 5:8). 그리스도도 마찬가지이다. "내 아버지 집에 거할 곳이 많도다. 그렇지 않으면 저희에게

일렀으리라. 내가 너희를 위하여 처소를 예비하러 가노니." 그러나 "내가 다시 와서"라고 하셨을 때, "너를 내 아버지 집에 데려 가겠다"라든가 "너를 위해 예비한 곳으로 데려 가겠다"라고 말씀하지 않으시고 "내가 다시 와서 **너희를 내게로 영접하여**"(요 14:2-3, 강조 첨가)라고 말씀하셨다. "**항상 주와 함께**" (살전 4:17) 있는 것이 **우리** 소망의 목표이다. 우리가 영원히 주님과 함께 있는 것이 바로 주님께서 간절히 고대하시고 기쁨으로 기대하시는 것이다. 네가 **나와** 함께 낙원에 있으리라!

3

사랑의 말씀

The *Word* of *Affection*

예수의 십자가 곁에는 그 모친과...
예수께서 그 모친과
사랑하시는 제자가 곁에 섰는 것을 보시고,
그 모친께 말씀하시되,
"여자여, 보소서. 아들이니이다" 하시고,
또 그 제자에게 이르시되,
"보라, 네 어머니라" 하신대.

요한복음 19:25~27

예수의 십자가 곁에는 그 모친과...섰는지라" (요 19:25). 아들과
마찬가지로 마리아 역시 슬픔이 낯설지 않았다. 시작부터
성경은 이렇게 말한다. "그에게 들어가 가로되, '은혜를 받은 자여,
평안할지어다. 주께서 너와 함께 하시도다' 하니, 처녀가 그 말을

들고 **놀라** '이런 인사가 어찌함인고?' 생각하매" (눅 1:28~29, 강조 첨가).
이것은 수많은 어려움의 전주곡에 불과했다. 천사 가브리엘은 나
타나 놀라운 수태 사실을 알렸다. 그 순간을 곰곰이 생각해 보면,
마리아가 그렇게 신비하고도 유례를 찾아볼 수 없는 방법으로 주님
의 어머니가 되었다는 것은 결코 가벼운 문제가 아니었음을 깨닫게
된다. 한참이 지나고 나서 볼 때 이것이 크나큰 영광인 것은 말할
것도 없지만, 그 당시에는 마리아의 평판에 대한 소소한 위험이나
그녀의 믿음에 대한 간단한 시험으로 끝나는 것이 아니었다. 하나
님의 뜻에 조용히 복종하는 그녀의 모습은 아름답다—"마리아가
가로되, '주의 계집종이오니, **말씀대로 내게 이루어지이다**'" (눅 1:38,
강조 첨가). 이것이 그녀의 반응이었다. 사랑스러운 포기였다. 그렇지
만 그녀는 수태고지(受胎告知)를 듣고 "놀랐으며," 이것은 이미 말한
대로 수많은 시험과 슬픔의 전조에 불과했다.

　여관에 방이 없어서 갓난아이를 구유에 뉘여야 했으니 마음이
아팠을 것이다! 헤롯이 어린아이의 생명을 죽이려고 한다는 것을
알았을 때 고통스러웠을 것이다! 아들을 위하여 어쩔 수 없이 외국
으로 도망가서 수년 동안 애굽에서 머물러야 했을 때 고달팠을 것
이다! 아들이 사람들에게 경멸당하고 거부당하는 것을 보면서 영
혼이 갈래갈래 찢기는 것 같았을 것이다! 자신의 백성에게 미움을
받고 박해받는 아들을 보면서 그녀의 마음은 슬픔으로 짓눌렸을
것이다! 이제 십자가 앞에 선 그녀의 심정이 어떠할지 그 누가 헤아
릴 수 있을까? 그리스도가 슬픔을 아는 남자였다면, 그녀는 슬픔을
아는 여자가 아니었는가?

　"예수의 십자가 곁에는 그 모친과...섰는지라" (요 19:25).

1. 시므온의 예언이 성취되었다

모세의 율법에 따라 어린아이 예수의 부모는 예수를 성전으로 데려 가서 하나님을 예배하게 했다. 그 때 이스라엘의 위로를 기다렸던 시므온이 예수를 팔에 안고 하나님을 송축하였다. "주재여, 이제는 말씀하신 대로 종을 평안히 놓아 주시는도다. 내 눈이 주의 구원을 보았사오니, 이는 만민 앞에 예비하신 것이요, 이방을 비추는 빛이요, 주의 백성 이스라엘의 영광이니이다"(눅 2:29~32)라고 말하고 나서, 그는 마리아를 향해 이렇게 말했다. "보라, 이 아이는 이스라엘 중 많은 사람의 패하고 흥함을 위하며, 비방을 받는 표적되기 위하여 세움을 입었고, 또 칼이 네 마음을 찌르듯 하리라. 이는 여러 사람의 마음의 생각을 드러내려 함이니라 하더라" (눅 2:34~35, 강조 첨가). 정말 이상한 말이 아닐 수 없다! 그녀의 가장 위대한 특권 때문에 가장 가슴 아픈 일을 당하는 게 정말일까? 시므온이 말했을 때 이는 가당하지도 않아 보였다. 그러나 이 일은 너무나도 정확하고 비극적으로 일어났다! 여기 십자가에서 시므온의 예언이 이루어졌다.

"예수의 십자가 곁에는 그 모친과...섰는지라" (요 19:25). 그리스도가 유아기와 어린 시절을 지나 공생애 사역을 하시는 내내 마리아에 대한 언급은 거의 없었다. 그녀는 그늘에서 배경으로 살았다. 그러나 지금 아들의 고난이 극에 달하는 시간에, 세상이 그녀의 배에서 나온 아이를 내칠 때, 그녀는 십자가 곁에 서 있다! 이렇게 완벽한 그림은 아무도 그려낼 수 없다! 마리아는 끔찍한 십자가 가장 가까이에 있다! 믿음과 소망이 사라진 채, 뜻하지 않은 상황에 당황하고 온 몸이 얼어붙었지만, 죽어가는 그에게 사랑의 금사슬로 엮이어 거기 서 있다! 그 어머니의 마음속 생각과 감정을 느끼고 읽어보라. 그녀의 마음을 찌르는 것은 분명 날선 칼이다! 한 인간의 탄생에 그런 축복이 없었고, 비인간적인 죽음에 그런 슬픔이 없었다.

여기에서 우리는 그 어머니의 마음을 본다. 그녀는 죽어가는 사람의 어머니이다. 십자가 위에서 고난을 받는 자가 그녀의 자식이다. 가시면류관이 둘린 이마는 그녀가 맨 처음 입 맞추었던 이마였다. 처음 걸음마를 뗄 때 그녀가 보호해 주었던 손과 발이었다. 그 어느 어머니도 그녀만큼 가슴이 아프지 않았다. 제자들은 그에게 등을 돌리고 도망갔고, 친구들은 그를 저버렸으며, 백성들은 그를 경멸했지만, 어머니는 십자가 발밑에 서 있다. 누가 그 어머니의 마음을 짐작하거나 헤아릴 수 있을까.

칼이 서서히 마리아의 영혼을 관통하고 있을 슬픔과 고통의 시간을 누가 가늠할 수 있을까! 신경질적이거나 발악하는 슬픔은 없었다. 여인의 약함을 보이지도 않았고, 주체할 수 없는 고통을 미친 듯이 울부짖지도 않았으며, 정신을 잃지도 않았다. 사복음서 어디에도 그녀의 입에서 나온 말이 기록되어 있지 않다. 그녀는 분명히 굳게 잠긴 침묵 속에서 아파했다. 그러나 그녀의 슬픔은 사실이었고 극심했다. 눈물이 하염없이 흘렀다. 잔인한 가시에 찔린 이마를 보았지만, 부드러운 손길로 닦아 줄 수 없었다. 못 박힌 손과 발이 마비되고 멍드는 것을 보았지만, 손으로 따뜻하게 안아 줄 수 없었다. 아들의 목마름을 느꼈지만, 갈증을 풀어 줄 수 없었다. 영혼의 적막한 심연 속에서 그녀는 괴로웠다.

"예수의 십자가 곁에는 그 모친과...**섰는지라**" (요 19:25). 군중들은 조롱하고, 강도들은 욕지거리를 퍼부으며, 대제사장들은 비웃고, 군병들은 냉담하며 무정하고, 구주는 피를 흘리고 죽어가고 있다. 그리고 그의 어머니가 끔직한 조롱을 보고 있다. 이런 장면을 보고 그녀가 기절했다고 해도 이해할 수 있다. 그런 상황에서 돌아서 버렸다고 해도 공감할 수 있다. 그런 광경을 보고 뛰쳐나갔다고 해도 납득할 수 있다. 그러나 그녀는 거기에 있다. 두려움에 위축되지도 않았고, 기절하지도 않았으며, 슬픔에 겨워 자리에 주저앉지도 않았다. 그녀는 서 있다. 그녀의 행동이나 태도는 독특하다. 인류의 전 역사 속에 이와 유사한 경우는 없다. 초월적인 용기이다. 예수님의 십자가 곁에 서 있었다. 놀라운 강인함이다. 슬픔을 억누르고 말없이 서 있었다. 마지막 순간을 방해하지 않으려는 주님을 향한 **경외** 때문이 아니었을까?

> 예수께서 그 모친과 사랑하시는 제자가 곁에 섰는 것을 보시고, 그 모친께 말씀하시되, "여자여, 보소서. 아들이니이다" 하시고, 또 그 제자에게 이르시되, "보라, 네 어머니라" 하신대, 그 때부터 그 제자가 자기 집에 모시니라.
>
> 요한복음 19:26~27 (강조 첨가)

2. 예수님은 부모를 공경하는 자녀의 모범을 세우신 완벽한 사람이셨다

주 예수는 하나님께든지 아니면 사람에게든지 유지하고 있던 모든 관계의 의무들을 온전히 수행하시면서 완벽한 몸가짐을 보여 주셨다. 십자가 사건 속에 어머니에 대한 주님의 부드러운 배려와 염려가 보인다. 모든 자녀들이 따라야 할 본이 있고, 자연과 은혜의 법에 따라 부모를 어떻게 공경해야 하는지 가르치신다.

시내산에서 하나님의 손가락이 두 개의 돌판에 새겨 모세에게 주신 말씀은 결코 폐기되지 않는다. 이 세상이 있는 한 그것은 유효하다. 각각의 계명은 신약에서 통찰력 있는 가르침으로 구체화되었다. 출애굽기 20장 12절 말씀은 에베소서 6장 1~3절에 반복된다. "자녀들아, 너희 부모를 주 안에서 순종하라. 이것이 옳으니라. 네 아버지와 어머니를 공경하라. 이것이 약속 있는 첫 계명이니, 이는 네가 잘 되고 땅에서 장수하리라."

부모를 공경하라는 이 계명은 물론 부모의 말씀에 순종하는 것도 말하고 있지만, 그저 말씀에 순종하는 것보다 훨씬 더 광범위한 의미가 있다. 사랑과 애정, 감사와 존경을 포함한다. 또한 너무나 자주 이 다섯 번째 계명이 젊은이들에게만 해당된다고 생각한다. 진리는 누구에게나 진리이다. 두말할 것도 없이 이 계명은 우선 자녀들을 대상으로 한 것이고, 자녀들은 처음에는 어린아이들이다. 그러나 유년기만 벗어나면 이 계명의 효력이 다한다는 결론은 최소한 그 심오한 의미의 절반은 잃는 것이다. "공경"이라는 말은 그 속뜻이 보여 주듯이 우선적인 의미인 순종보다 훨씬 더 심오하다. 시간이 흘러 어린 자녀들이 자라 성인 남녀가 되면, 모든 것을 홀로 책임지고 더 이상 부모의 통제를 받지 않는 나이가 되지만, 부모에 대한 의무가 끝나는 것은 아니다. 자녀들은 부모에게 다 갚을 수 없는 빚이 있다. 부모를 높이 받들고, 우선적으로 생각하며, 존경하는 것이 최소한 할 수 있는 일이다. 주님의 완벽한 예에서 순종과 존경이 드러나고 있다.

처음 아담이 영광스러운 인간의 모습으로 또 완전한 성인의 몸과 정신으로 이 세상에 온 것과는 달리, 마지막 아담은 아기로 탄생하셔서 유년기를 겪으셨다는 사실이 이 다섯 번째 계명에 시사해 주는 중요성과 가치가 대단히 크다. 유년기에 소년 예수는 어머니 마리아와 법적인 아버지 요셉의 통제를 받았다. 이 사실은 누가복음 2장에 잘 드러나 있다. 예수님은 열두 살이 되자 유월절을 지키기 위해 부모에게 이끌려 예루살렘에 간다. 자세히 관찰해 본다면, 이 장면은 깊은 시사점을 준다. 유월절이 끝날 무렵, 요셉과 마리아는 친구들과 함께 나사렛으로 출발하면서 예수가 동행하고 있을 거라고 생각한다. 그러나 예수는 왕의 도시에 남아 있었다. 하루를 꼬박 가고 나서야 예수가 없는 것을 발견한다. 즉시 그들은 예루살렘으로 돌아와 성전에서 예수를 발견한다. 어머니는 그에게 묻는다. "아이야, 어찌하여 우리에게 이렇게 하였느냐? 보라, 네 아버지와 내가 근심하여 너를 찾았노라"(눅 2:48). 그녀가 "근심하여" 예수를 찾았다는 사실은 예수가 어머니의 영향권 바깥으로 나간 적이 한번도 없었음을 강력하게 의미한다. 곧바로 그를 찾을 수 없었던 것이 그녀에게는 낯설고 생소한 경험이었고, 요셉의 도움을 받아 "근심하여" 찾았던 사실은 고향 나사렛에서 모자간의 관계가 얼마나 아름다웠는지를 드러낸다. 즉시 사태를 파악한 예수의 대답 또한 어머니께 가지고 있었던 공경하는 마음을 보여 준다. 나는 그리스도가 어머니를 **나무라는 것이** 아니라는 캠벨 모건(Campbell Morgan) 박사의 의견에 전적으로 동감한다. 이것은 올바른 강조점을 찾는 문제이다. "어머니는 알지 못하셨습니까?" 모건이 훌륭하게 설명한 대로, "이것은 '어머니, 하나님 아버지의 일 외에는 절 붙들어 놓을 수 있는 게 없다는 것을 아실 정도로 절 잘 아시잖아요'라는 말과 같다." 그 다음 구절도 역시 아름답다. "예수께서 한가지로 내려가 사 나사렛에 이르러 **순종하여 받드시더라**" (눅 2:51, 강조 첨가). 그렇게 항상 그리스도는 자녀들이 부모에게 순종하는 본이 되셨다.

그러나 이것이 전부가 아니다. 우리와 마찬가지로 그리스도도 마리아와 요셉에게 순종하시던 시기는 끝났다. 그러나 "공경"의 시기는 끝나지 않았다. 이 땅의 삶에서 마지막 처절한 시간에 십자가 위에서 극한 고통 가운데 있을 때, 주 예수는 자신을 사랑했고 자신이 사랑했던 어머니를 생각하셨다. 당장 어머니에게 필요한 것을 생각하셨고, 자신의 사랑을 가장 깊이 이해한 제자에게 어머니를 부탁하여 어머니의 미래를 준비시키셨다. 그 순간 마리아를 생각 하신 것과 그녀에게 보여 주신 공경은 고통을 넘어선 승리의 표현 이었다.

주님이 "여자여"라고 부르신 것을 살펴보아야 한다. 사복음서의 기록에는 "어머니"라고 부르신 적이 한번도 없었다. 현대를 살고 있는 우리들은 그 이유를 어렵지 않게 알 수 있다. 주님은 전지하신 예견력으로 몇 세기를 내다보시면서, 곧 일어나게 될 끔찍한 우상 숭배를 알고, 이를 뒷받침할 만한 어떤 단어 사용도 자제하셨다. 바로 그녀의 아들에게만 돌아가야 할 경의를 마리아에게 돌리는 우상, 그녀를 "하나님의 어머니"로 숭배하는 우상이다.

주님께서 마리아를 "여자"로 부르신 것을 복음서에서 두 번이나 발견한다. **두 번 모두** 요한복음에 나오는 것이 가장 주목할 만한 부분인데, 요한복음은 잘 알려져 있듯이 구주의 신성을 말한다. 공관복음의 저자들은 예수님을 **인간적인** 관계 속에서 설명하지만, 네 번째 복음서는 그렇지 않다. 요한복음이 그리스도를 하나님의 아들로 나타내고, **하나님의 아들**로서 그는 모든 인간 관계를 초월하시므로, 여기에서 주 예수께서 마리아를 "여자"로 부르는 것은 완벽한 일치이다.

십자가 위에서 마리아를 사랑하는 제자의 손에 맡기신 우리 주님의 행동은 어머니가 **과부**였다는 점에서 더 잘 이해할 수 있다. 복음서에는 요셉의 죽음에 대한 특별한 기록이 없지만, 주 예수가 공생애를 시작하기 전 어느 시점에서 사망했다는 것은 의심의 여지가 없다. 그리스도가 열두 살 소년이었을 때 누가복음 2장에 기록된 사건 이후에 마리아의 남편은 찾아 볼 수가 없다. 요한복음 2장에서 마리아는 가나 혼인 잔치에 나타나지만, 요셉이 참석했다는 기록은 없다. 그러므로 예수님의 애정 어린 근심은 마리아가 **과부**이기 때문이었고, 예수께서 함께 계셔서 그녀에게 더 이상 위로가 될 수 없는 시간이 다가왔기 때문이다.

간단하게 권고의 말을 하겠다. 부모님이 살아 계시는 수많은 장성한 사람들이 이 말씀을 읽을 수도 있다. 당신은 부모님을 어떻게 대하고 있는가? 진정으로 "공경"하고 있는가? 십자가 위에서 예수님의 모범을 보면서 부끄럽지는 않은가? 당신은 젊고 혈기왕성한데 당신의 부모는 머리가 희어지고 기력이 쇠할지도 모른다. 성령님은 말씀하신다. "네 늙은 어미를 경히 여기지 말지니라" (잠 23: 22). 당신은 부유하고 부모는 가난할 수 있다. 그렇다면 꼭 그들을 도우라. 부모가 먼 지역이나 타국에 사는데 감사와 위로의 말을 전하는 걸 잊을 수도 있다. 그 말은 그들의 말년을 환하게 해준다. 이것은 거룩한 의무이다. "네 부모를 공경하라."

3. 요한이 구주 곁으로 되돌아 왔다

하나님의 손에 고난을 받으셨다는 것을 제외한다면 그리스도께서 받으셔야 했던 잔 중에 가장 쓴 부분이 아마도 제자들의 배신이었을 것이다. 자기 백성, 유대인들이 그를 경멸하고 거절했다는 것도 정말 끔찍하고 마음 아팠지만, 그렇게 오랫동안 주와 함께 동고동락했던 열한 제자가 위기를 맞으신 주를 버렸다는 것은 훨씬 더 끔찍했다. 제자들은 **자신들**의 믿음과 사랑이라면 어떤 일이 닥쳐도 이겨낼 수 있다고 생각했을지 모른다. 그러나 실제로는 그렇지 않았다. 그들은 **모두 다** "예수를 버리고 도망하니라"(마 26:56, 강조 첨가) 고 성경은 기록하고 있다. 이것은 이루 말할 수 없는 비극이었다. 그들이 겟세마네 동산에서 단 한 시간도 주님과 함께 "깨어 있지" 못했던 것도 기가 막힐 노릇이지만, 주님이 체포당하실 때 도망간 것은 거의 납득할 수 없다. 그러나 거의라고 말할 수밖에 없는 것은 쓰라린 경험을 통해 **우리**의 마음이 얼마나 거짓된지, **우리**의 믿음이 얼마나 허약한지, 시험과 시련 속에서 **우리**가 얼마나 연약한지 알고 있기 때문이다. 하나님의 은혜가 아니라면 아주 사소한 시험도 우리를 넘어뜨리기에 충분하다. 우리에게서 하나님의 능력을 제한하고 거둔다면 **우리**는 얼마나 버틸 수 있을까?

주 예수께서는 제자들이 앞으로 비겁하게 되리라고 진지하게 경고하셨다. "때에 예수께서 제자들에게 이르시되, '오늘밤에 너희가 다 나를 버리리라. 기록된 바 내가 목자를 치리니 양의 떼가 흩어지리라 하였느니라"(마 26:31). 베드로만이 아니라 모든 제자들이 주와 함께 있겠다고 단언했다. "베드로가 가로되, '내가 주와 함께 죽을지언정 주를 부인하지 않겠나이다' 하고, 모든 제자도 이와 같이 말하니라"(마 26:35). 그렇지만 주님의 말씀이 옳다는 것이 증명되었고 그들 모두는 비열하게 예수님을 버렸다. 이 또한 주님의 영광을 나타냈다! 그들이 비겁하게 도망간 것은 예수님의 적들에게 예수님을 경멸하고 조롱할 수 있는 빌미를 주었다. 그래서 "대제사장이 예수에게 **그의 제자들**과 그의 교훈에 대하여 물으니"(요 18:19, 강조 첨가)라는 말씀이 있다. 무슨 말이 오갔는지 추측하는 것은 그다지 어렵지 않다. 분명히 가야바는 제자들의 수가 몇이며, 그들은 지금 어디 있는지 심문했을 것이다. 왜 그들은 주인을 버리고 도망갔으며, 어려움이 닥쳤을 때 예수님만 내버려두었는지도 물었을 것이다. 그러나 구주께서 이 질문에 대해 답하지 않으신 것을 주목하라. 제자들은 자신을 버렸지만, 적들 앞에서 그들을 비난하지 않으셨다!

그들은 예수님께 "감정이 상해서" 그를 버렸다. "오늘밤에 너희가 다 나를 버리리라"(마 26:31). 이 말을 헬라어로 번역하면 "정나미가 떨어지다"가 적절하다. 그들은 주님과 함께 있었다는 것이 알려지는 게 부끄러웠다. 주님과 함께 남아 있으면 더 이상 안전하지 못했다. 주님이 스스로 자신을 내어 주셨을 때, 그들은 스스로 살 방도를 찾고, 주님을 집어삼킨 눈앞의 폭풍을 피할 피난처를 찾는 것이 현명한 일이라고 여겼다. 이것이 인간의 눈으로 본 것이었다.

하나님의 눈으로 볼 때, 그들이 그리스도를 버린 것은 보호하시고 지키시는 하나님의 은혜가 멈추었기 때문이다. 예수님을 버리는 것이 그들에게는 익숙한 일이 아니었다. 이후에 그들은 결코 주를 버리지 않았다. 만약 하늘로부터 능력과 열정과 사랑을 받았다면 그들은 그렇게 하지 않았을 것이다. 그러나 그렇게 되었다면 그리스도가 어떻게 그 어려움과 고난을 감당하실 수 있었을까? 어떻게 혼자 그 길을 걸어가실 수 있었을까? 만약 제자들이 신실하게 예수님과 함께 동행했다면 그의 슬픔이 어떻게 순전할 수 있었을까? 그런 일은 있을 수 없다. 그리스도는 어떤 피조물로부터도 최소한의 위로와 위안을 얻을 수 없다. 홀로 남아 하나님의 진노와 사람의 적의와 씨름하기 위해 주님은 제자들에게서 자신의 강력한 힘을 잠시 거두신다. 그래서 그들은 머리 깎인 삼손처럼 여느 사람들과 같이 연약했다. 사도 바울은 "너희가 주 안에서와 그 힘의 능력으로 강건하여지고"라고 말한다. 만약 그 능력이 사라지면 우리의 목적과 해결책은 태양 앞에서 눈 녹듯이 유혹 앞에서 스러질 것이다.

그러나 제자들의 비겁함과 배신은 잠시 잠깐이었다는 점을 명심하라. 후에 그들은 갈릴리의 예수님이 명하시던 산에서 주님을 찾았다 (마 28:16). 그러나 예수께서 무덤에서 일어나 승리하시기 전에 열한 제자 중에 하나가 주님을 찾았다는 사실은 상당히 고무적이다. 그는 예수께서 수치스러운 십자가에 달려 계실 때 주님을 찾았다. 그게 누구였을까? 제자 중 누가 주님에 대한 사랑이 더 뜨거웠는가 증명할 것인가? 비록 성경은 그가 누구인지 밝히고 있지는 않지만, 그의 이름을 찾아내는 것은 어려운 일이 아니었다. 본문의 말씀이 십자가 발밑에 서 있는 자가 요한임을 알려 준다는 사실이 성경은 하나님의 영감으로 기록되었다는 조용하지만 충분한 증거이다. 성경의 근거가 초인간적임을 입증하는 말씀이 의도하지 않아도 만들어내는 **일치**이다. 열한 제자 중에 어느 누가 십자가 주위에 있었다는 암시는 없지만, 사려 깊은 독자라면 "예수가 사랑했던 제자"가 그 자리에 있지 않았을까 **생각할 것이다**. 거기에 그가 있었다. 요한은 구주에게 돌아왔고, 거기서 주님으로부터 복된 사명을 받는다. 성경의 조용한 조화는 정말 꾸밈없고 완벽하다!

구주에게서 멀리 떨어져 방황하는 자, 더 이상 주님과 사랑의 대화를 즐길 수 없는 자, 한 마디로 **타락한 자**가 이 말씀을 읽고 있는가? 아마도 시험 때문에 주를 부인했을 것이다. 시련을 이기지 못했을 것이다. 주님의 유익보다는 자신의 유익을 더 추구했을 것이다. **주님의 이름을 높여드리던** 것을 다 잊어버렸을 것이다. 지금 죄를 깨닫게 하는 화살이 당신의 양심의 과녁에 꽂히길 바란다. 하나님의 은혜로 당신의 마음이 녹아지길 바란다. 하나님의 능력이 당신을 만족과 평화를 맛볼 수 있는 유일한 그리스도께 인도하길 바란다. 당신을 **격려하는** 것이 있다. 그리스도는 되돌아온 요한을 **나무라지** 않으셨다. 그 대신 놀라운 은혜로 그에게 말할 수 없는 특권을 주셨다. 그러므로 방황을 멈추고 당장 그리스도께 돌아오라. 그가 당신을 환대와 격려의 말씀으로 받아 주실 것이다. 그가 당신에게 영광스러운 사명을 주실 것이다!

4. 그리스도의 신중함을 보여 준다

마리아를 제자의 손에 맡기신 그리스도의 행동을 통해 그의 부드러운 사랑과 통찰력이 어떻게 표현되었는가는 이미 살펴보았다. 요한이 과부이신 구주의 어머니를 책임지게 된 것은 복된 사명이었고 귀중한 유산이었다. 그리스도께서 그에게 "보라, 네 어머니라"고 말씀하신 것은 마치 그녀를 '네 자신의 어머니로 모셔라. 나를 향한 너의 사랑을 그녀를 온유하게 돌보면서 나타내라'는 말씀과도 같다. 그러나 그리스도의 이 행동에는 그 이상의 무언가가 있다.

구약에는 주 예수께서 현명하고 신중하게 행동하실 것이라고 예언되어 있었다. 이사야에서 하나님은 "보라, 내 종이 형통하리니"(52:13)라고 말씀하셨다. 어머니를 사랑하는 제자에게 맡기시면서 구주는 그녀의 보호자가 될 사람을 선택하는 데 현명한 분별력을 보여 주셨다. 아마도 어머니만큼 주 예수를 잘 이해하는 사람도 없었고, 요한만큼 주님의 사랑을 깊이 이해한 자도 없었다. 그러므로 그들을 하나로 묶고 그들을 그리스도에게로 묶는 친밀한 공감대가 있기 때문에 둘은 서로에게 정말 잘 **어울릴 것이다**. 마리아를 돌보는 데 요한보다 더 적합한 사람도 없었고, 마리아에게는 그보다 더 마음이 잘 맞는 친구가 없었으며, 요한에게는 그녀보다 더 즐거운 교제를 나눌 사람이 없었다.

게다가, 경이롭고 영광스러운 일이 요한을 기다리고 있었다는 것을 명심해야 한다. 수년 후에, 예수님은 영광스러운 묵시 속에서 이 제자에게 자신을 드러내실 것이다. 계시의 시간을 **기다리는** 30년 동안 구주와 가장 친밀하고 깊은 관계 속에서 살았던 그녀와 계속 함께 있는 것보다 더 훌륭하게 계시를 준비하는 방법은 없었을 것이다! 그러므로 이 두 사람, 마리아와 요한이 함께 있는 것이 타당한 의미가 있다는 것을 알 수 있다. 그렇다면 그리스도께서 마리아의 거처를 선택하시고, 동시에 영적 교제의 복을 누렸던 사랑하는 제자에게 인생의 길동무를 주시는 데 신중하셨다는 것을 인정하라.

다음으로 넘어가기 전에, 마리아를 요한의 집으로 모셔갔기 때문에 요한복음의 다음 장에 기록된 사건이 설명된다는 것을 알 수 있다. 요한복음 20장에서 베드로와 요한이 빈 무덤을 찾아갔다. 요한은 동료를 앞질러 달려가 먼저 무덤에 도착하지만 안에 들어가지 않았다. 베드로는 성격대로 무덤 안으로 들어가 잘 개켜진 세마포를 본다. 그리고 나서 요한이 들어가 보고 "믿는다." 왜냐하면 그 때까지 그들의 믿음은 그리스도의 부활의 약속을 이해하지 못했기 때문이다. 요한이 믿고 난 후에 "두 제자가 **자기 집으로 돌아가니라**"(요 20:10, 강조 첨가)는 말씀이 있다. 자기 집으로 돌아간 이유는 나와 있지 않지만, 요한복음 19장 27절을 보면 그 이유는 분명해진다. "그 때부터 그 제자가 **자기 집에 모시니라.**" 지금 그는 구주가 죽음에서 일어나신 것을 알고 **그녀에게** 이 기쁜 소식을 전하려고 급히 "집으로" 돌아간다! 이 기쁜 소식에 어느 누가 그녀보다 더 기쁠 수 있을까! 이것은 성경 속에 조용하게 숨겨진 조화의 또 다른 예이다.

5. 영적 관계 때문에 자연적인 책임을 간과해서는 안 된다

예수님은 죄인들을 위한 구주로서 죽어가고 있었다. 이제까지 있었던 일 중에, 또 앞으로 이 세상이 목격할 일 중에 가장 중대하고 가장 거대한 일을 하고 계셨다. 이제 막 하나님의 진노한 정의를 만족시킬 찰나였다. 이 세상이 만들어진 목적, 인류가 창조되어진 목적, 모든 세대가 기다린 목적, 영원한 말씀이 육신이 되신 바로 그 목적을 성취하는 일을 막 하시려던 참이었다. 그렇지만 자연적인 인연의 책임도 간과하지 않으신다. 그는 육신의 어머니였던 그녀를 위해 준비하신다.

오늘날 많은 사람들이 명심해야 할 교훈이 있다. 어떤 일이나 의무가 아무리 중요하다고 하더라도 자연적인 의무가 면제되거나 육신적으로 우리와 연관되어 있는 사람들을 돌보는 일이 면제될 수는 없다. 선교사로 외국에서 일하면서 아이들을 남겨 두고 가는 사람들이나 아이들을 본국에 보내어 **낯선 사람들**의 보살핌을 받게 하는 이들은 구주의 발자취를 따르는 게 아니다. 비록 신앙 모임이라 할지라도 모임에 대부분의 시간을 보내는 여성들이나 혹은 집에서 가족들에게 의무는 **게을리 한 채** 가난하고 헐벗은 사람들에게 사역하러 빈민촌에 가는 여성들은 예수님의 이름과 주장에 비난거리가 될 뿐이다. 그리스도의 일에 앞장선 사람들이라 할지라도 설교하고 가르치는 데 너무 바빠서 **자신의 아내와 아이들**에 대한 의무를 이행할 **시간이 없다면** 여기 십자가 위에서 그리스도께서 모범을 보이신 원리를 연구하고 실행할 필요가 있다.

6. 누구에게나 필요한 것이 예시되어 있다

성경의 마리아와 우상 숭배의 마리아는 정말 다르다! 그녀는 도도한 성모 마리아가 아니었다. 우리처럼 타락한 인류였고 본성으로나 실제로나 죄인이었다. 그리스도가 탄생하시기 전에 그녀는 "내 영혼이 주를 찬양하며, 내 마음이 하나님 **내 구주**를 기뻐하였음은"(눅 1:46~47, 강조 첨가)이라고 선포했다. 이제 예수께서 죽어 가시는데 그녀는 십자가 앞에 있다. 하나님의 말씀은 왕관으로 장식

된 천사들의 여왕이 아니라 구주로 인해 기뻐하는 예수님의 어머니를 표현한다. 그녀가 "여자 중에 복이 있으며" 구속자의 어머니가 되는 고귀한 영광을 누린 것도 사실이지만, 그녀는 인간이었고, 타락한 인류 중에 한 사람이었으며, 구주가 필요한 죄인인 것도 사실이다.

그녀는 십자가 곁에 서 있었다. 거기 서 있었을 때, 구주가 외치셨다. "여자여, **보소서. 아들이니이다**" (요 19:26, 강조 첨가). 한 마디로 아담의 모든 후손들에게 **필요한 것**을 말씀하셨다. 세상에서 눈을 돌려 자신에게서 눈을 떼어 죄인을 위해 죽으신 구주를 믿음으로 바라보는 것이다. 하나님만의 전형적인 구원의 길이 있다. 다가올 진노로부터 구원, 죄의 사하심, 하나님을 영접, 이 모든 것은 잘난 행위나 선한 일이나 종교적 의식에서 얻어지지 않는다. 구원은 보는 것에서 온다. "세상 죄를 지고 가는 **하나님의 어린양**"을 보라. 광야에서 뱀에게 물린 이스라엘 백성이 한번 바라봄으로써, 여호와께서 믿음의 대상으로 정하신 것을 바라봄으로써 고침을 받았듯이, 오늘날에도 죄와 죄의 능력에서 구속, 깨진 율법의 저주와 사탄의 속박에서 놓임은 오직 그리스도를 믿는 믿음에서만 나타날 수 있다. "모세가 광야에서 뱀을 든 것 같이 인자도 들려야 하리니, 이는 **저를 믿는 자마다** 영생을 얻게 하려 하심이니라" (요 3:14~15, 강조 첨가). 바라보는 데 생명이 있다. 고난을 받는 신을 **바라본** 적이 있는가? 우리를 하나님께 인도하기 위해 불의한 자를 대신하여 고난을 받으신 의로운 자, 십자가 위에서 죽어가는 그를 본 적이 있는가? 그리스도의 어머니이신 마리아도 그를 "보아야만" 했고 **당신도** 마찬가지이다. 그러므로 바라보라. 그리스도를 바라보고 구원을 얻으라.

7. 그리스도의 완벽함이 놀랍게 어우러져 있다

이것은 가장 완벽한 인간의 사랑과 하나님의 영광이 어우러져 있는 그의 인격에서 가장 경이로운 부분 중에 하나이다. 무엇보다도 그가 하나님 되심을 보여 주는 복음서가 그가 인간이었음을, 육신이 되신 말씀이심을 신중하게 입증하고 있다. 그는 하나님의 역사에 참여하여 자기 백성의 모든 죄를 대속하고 어둠의 권세와 씨름하면서도 그 와중에 인간의 부드러움을 지니고 계신다. 이것이 인간 예수 그리스도의 완벽함이다.

죽어가면서도 어머니를 근심하는 그의 모습은 그의 품행을 단적으로 보여 주었다. 모든 것이 자연스럽고 완벽했다. 그의 타고난 소박함이 가장 돋보인다. 과시하거나 거드름을 피우지 않으셨다. 그의 능력은 상당수가 길거리, 오두막, 고난을 당하는 자들의 작은 모임에서 나타났다. 의미가 풍부해서 오늘날에도 그 깊이를 헤아릴 수 없고 다함이 없는 그의 말씀의 상당수는 친구와 함께 걸으면서 자연스럽게 언급되었다. 십자가 위에서도 마찬가지였다. 그는 역사상 가장 위대한 일을 이루고 계셨다. 비교해 보면 세상을 창조한 일이 사소하게 퇴색될 만한 일을 수행하고 계셨다. 그러나 어머니를 위해 준비하는 것을 잊지 않으셨다. 마치 나사렛의 집에 어머니와 함께 계셨다면 그렇게 하셨을 것처럼. 구약에서 "그 이름은 **기묘자라**"(사 9:6, 강조 첨가)고 말씀하신 것이 정확했다. 그가 행하신 모든 것이 놀랍다. 맺으신 모든 관계들이 놀랍다. 인품에서 놀랍고, 행하신 일에서도 놀랍다. 삶에서도 놀랍고 죽음에서도 놀랍다. 우리는 그저 경탄하고 영광을 돌릴 뿐이다.

4

고뇌의 말씀

The *Word* of *Anguish*

제 구시 즈음에 예수께서 크게 소리질러 가라사대, '엘리 엘리 라마
사박다니' 하시니, 이는 곧 '나의 하나님, 나의 하나님, 어찌하여
나를 버리셨나이까?' 하는 뜻이라.

마태복음 27:46

"나의 하나님, 나의 하나님, 어찌하여 나를 버리셨나이까?"

이 말씀은 숨이 멎을 만큼 중요한 말씀이다. 영광의 주께서
십자가에 달리심은 지상에서 일어난 일 중에 가장 보기 드
문 일이었고, 고통 가운데 계신 그분의 이 외침은 당혹스러운 이
상황에서 가장 놀라운 말씀이었다. 무죄한 자가 정죄를 받고, 죄
없는 자가 박해를 받으며, 은혜를 베푼 자가 잔인하게 살해당하는
것이 역사 속에서 그리 새로운 일은 아니었다. 의로운 아벨의 살해
에서부터 사가랴의 살해까지 그런 순교자의 목록은 길기만 했다.

그러나 지금 가운데 십자가에 달리신 분은 평범한 사람이 아니었다. 그는 인자(人子)인 동시에 모든 것에 뛰어나신 분, 완벽한 분이셨다. 그의 옷처럼 그의 성품은 "호지 아니하고 위에서부터 통으로 짠 것"이었다.

박해를 받던 다른 모든 경우에는 살인자가 무엇인가 비난할 수도 있는 흠과 결점이 있었다. 그러나 이 경우에 재판관은 "나는 그에게서 아무 죄도 찾지 못하노라"고 말했다. 이것만이 아니다. 고난당하는 자가 완벽한 사람이었을 뿐만 아니라 하나님의 아들이었다. 하지만 사람이 하나님을 파괴하고자 원하는 것이 예상 밖의 일은 아니다. "어리석은 자는 그 마음에 이르기를 하나님이 없다 하도다" (시 14:1). 이것이 사람의 바라는 바이다. 그러나 성육신하신 그분이 자기 자신을 적들에게 내어 주어 그런 대접을 받으시는 것은 예상 밖의 일이다. "이는 내 사랑하는 아들이요, 내 기뻐하는 자라"(마 3:17)고 하늘 문을 여시고 직접 선포하셨던 하나님께서 아들을 그런 수치스러운 죽음으로 넘기셨다는 것은 상상조차 할 수 없는 일이다.

"나의 하나님, 나의 하나님, 어찌하여 나를 버리셨나이까?"

이 말씀은 가슴이 내려앉는 고뇌의 말씀이다. "버리다"라는 말 자체가 인간의 말 중에서 가장 비극적이다. 거주민들이 모두 버리고 간 도시를 한번 지나가 본 적이 있는 작가라면 그 느낌을 쉽게 잊지 못할 것이다. 이 단어가 수식하는 말들—친구에게 버림받은 사람, 남편에게 버림받은 아내, 부모에게 버림받은 자녀—은 비참한 불행이다! 그러나 조물주로부터 버림받은 피조물, 하나님에게 버림받은 사람, 이것이 제일 두려운 일이다. 악 중에 악이다. 가장 참혹한 불행이다! 사실, 타락한 인간이 새롭게 되기 이전의 상태라면 이것을 심각하게 받아들이지 않는다. 그러나 하나님이 완벽함의 극치이시며 모든 탁월함의 원천이자 목표임을 조금이나마 아는 자라면 "하나님이여, 사슴이 시냇물을 찾기에 갈급함 같이 내 영혼이 주를 찾기에 갈급하나이다"(시 42:1)라고 외치며 위에서 말한 것들을 시인할 것이다. 모든 시대의 성도들은 "날 버리지 마옵소서, 하나님"이라고 울부짖었다. 단 한순간이라도 주께서 우리에게 그의 얼굴을 숨기신다는 것은 견딜 수 없다. 중생한 죄인도 그런데, 하물며 아버지께서 사랑하시는 아들은 훨씬 더할 것이다!

저주받은 나무에 매달린 그리스도는 영원 전부터 하나님께서 사랑하시는 대상이었다. 잠언 8장 30절을 보면, 고난을 받는 구주는 "그 곁에 있어서" "항상 그 앞에서 즐거워"하였다. 그의 즐거움은 아버지의 낯을 뵈옵는 것이었다. 아버지가 계시는 곳이 그의 집이었고, 아버지의 품이 그의 거처였으며, 세상이 있기 전부터 아버지의 영광을 나누었다. 이 세상에 계셨던 33년 동안 그는 아버지와 지속적인 영적 교제를 누렸다. 아버지의 마음에 어긋나는 생각은 단 한번도 없었으며, 아버지의 뜻이 아닌 결단은 단 하나도 없었고, 아버지의 존재를 의식하지 않았던 시간은 단 한순간도 없었다. 그런데 지금 하나님께 "버림받다"니 이것이 무슨 말인가! **하나님께서 얼굴을 숨기신 것**이 아버지께서 구속자에게 마시도록 주신 잔 중에 가장 쓴 부분이었다.

"나의 하나님, 나의 하나님, 어찌하여 나를 버리셨나이까?"

이 말씀은 비할 수 없는 비애(悲哀)가 가득한 말씀이다. 고통이 극에 달했음을 보여 준다. 군병들은 잔인하게 조롱했다. 머리에 가시면 류관을 씌웠다. 채찍질하고 매질했다. 심지어 침을 뱉고 머리를 쥐어뜯기까지 했다. 옷을 벗겨 수치스럽게 했다. 그러나 그는 이 모든 것을 묵묵히 당하셨다. 군병들이 손과 발에 못을 박았지만, 그는 수치심을 무릅쓰고 십자가를 지셨다. 폭도들이 비아냥거리고 같이 십자가에 못 박힌 강도들이 비웃음을 던졌지만, 그는 입을 열지 않으셨다. 사람들의 손에 시달리시면서도 그의 입에서는 단 한마디의 절규도 터져 나오지 않았다. 그러나 지금 하늘 진노의 집중 포화가 그에게 쏟아질 때 "나의 하나님, 나의 하나님, 어찌하여 나를 버리셨나이까?"라고 울부짖으셨다. 아무리 굳은 마음이라도 무너져 내리는 외침이다!

"나의 하나님, 나의 하나님, 어찌하여 나를 버리셨나이까?"

이 말씀은 헤아릴 길 없는 신비의 말씀이다. 구약에서 주 여호와께서는 자기 백성을 버리지 않으셨다. 곤경에 처할 때마다 그들의 피난처가 되셨다. 이스라엘 백성들이 잔인한 압제에 시달리며 하나님을 부르자 하나님께서는 그들의 소리를 들으셨다. 홍해 앞에서 어찌할 바를 몰라 서 있을 때 하나님께서는 그들을 적의 손에서 구원하셨다. 세 명의 히브리인들이 격렬한 풀무에 던져졌을 때, 주님은 그들과 함께 계셨다. 그러나 애굽 땅에서 올라왔던 그 어느 울부짖음보다 더 구슬프고 고통스러운 절규가 십자가 위에 있었지만, 아무런 반응이 없었다! 홍해의 위기보다 더 화급한 상황에 더

무자비한 적들이 예수님 앞에 있었지만, 구원은 없었다! 느부갓네살의 풀무보다 더 격렬히 타오르는 불이 있었지만, 그의 곁에는 위로할 자가 아무도 없었다! 그는 하나님께 버림받았다!

고난을 받는 구주의 이 외침은 도무지 알 길이 없다. 맨 처음에 외치신 "아버지여, 저희를 사하여 주옵소서. 자기의 하는 것을 알지 못함이니이다"는 이해할 수 있다. 왜냐하면 그분의 자비로운 마음과 잘 부합하기 때문이다. 또 입을 열어 뉘우치는 강도에게 말씀하셨다. "진실로 네게 이르노니, 오늘 네가 나와 함께 낙원에 있으리라." 이 또한 납득할 수 있다. 왜냐하면 죄인을 향한 그분의 은혜와 잘 부합하기 때문이다. 또 한번 입술을 움직여 어머니에게 "여자여, 보소서. 아들이니이다." 그리고 사랑하는 요한에게 "보라, 네 어머니라" 말씀하셨다. 이 또한 충분히 받아들일 수 있다. 그러나 그 다음 말씀은 너무나도 놀라워서 혼란스럽다. 구약에서 다윗은 말했다. "내가 의인이 버림을 당하거나 그 자손이 걸식함을 보지 못하였다." 그러나 여기에서 우리는 버림받는 의인을 본다.

"나의 하나님, 나의 하나님, 어찌하여 나를 버리셨나이까?"

이 말씀은 **심원(深遠)하고 장엄한 말씀**이다. 이 절규로 땅이 흔들렸고 온 우주가 두려워했다. 신비의 절정인 이 일을 이해할 만큼 심오한 지성이 있을까! 거대한 어둠을 갈라놓았던 놀라운 이 절규의 의미를 분석할 만큼 거대한 지력(知力)이 있을까! "어찌하여 나를 버리셨나이까?" 이 말은 우리를 지성소로 인도한다. 여기 어디쯤에서 인간의 궁금증은 내려놓는 것이 마땅하다. 추측은 하나님을 욕되게 한다. 우리는 그저 경탄하고 예배할 뿐이다.

그러나 이 말이 심장이 멎을 만큼 중요하고, 가슴이 내려앉을 정도로 괴로우며, 헤아릴 길 없이 신비하고, 비할 바 없이 비통하며, 가장 심원하고 장엄한 말씀일지라도, 그 의미를 전혀 알 수 없는 것은 아니다. 이 절규가 끝도 없는 미궁인 것도 사실이지만, 가장 복된 해답일 수도 있다. 마음이 녹아내리는 이 말씀이 주님의 사랑을 끝까지 보여 준 것이며, 하나님의 확고부동한 정의를 드러내어 경외심을 불러일으킨 것이라는 데 성경은 의심의 여지를 주지 않는다. 죽어가는 구주의 네 번째 말씀을 자세히 살펴볼 때 모든 생각은 예수께 사로잡히고 마음은 진지해지길 바란다.

"나의 하나님, 나의 하나님, 어찌하여 나를 버리셨나이까?"

1. 죄의 참상과 죄 값의 특징을 보여 준다

주 예수는 한낮에 십자가에 달리셨고 모든 것의 진면목이 갈보리에서 드러났다. 거기에서 마침내 본성이 적나라하게 공개되었다. 하나님을 미워하고, 은혜를 배신하며, 빛보다는 어둠을 더 사랑하고, 생명의 왕을 죽이길 기뻐했던 인간 마음의 타락상이 두렵게도 드러났다. 하나님을 대적하고, 그리스도를 끝없이 미워하며, 인간의 마음에 적의를 불어넣어 구주를 배반케 한 사탄의 무시무시한 본질이 발가벗겨졌다. 또한 감히 말로 할 수 없는 거룩함과 확고부동한 정의와 무서운 진노와 견줄 수 없는 은혜의 완벽한 신성(神性)이 고스란히 드러났다. 조악하고 비열하고 불법인 죄 또한 노골적으로 밝혀졌다. 십자가에서 죄가 어디까지 악할 수 있나 폭로되었다. 죄는 맨 처음에 자살로 나타나 아담이 자신의 영적 생명을 파괴했다. 그 다음에는 형제 살해로, 가인이 동생을 살해했다. 죄는 십자가에서 절정에 달해 신을 죽이기까지 했다. 인간이 하나님의 아들을 십자가에 못 박았다.

그러나 우리는 십자가에서 죄의 극악함만 보는 것이 아니라 끔찍한 그 대가의 특징도 발견한다. "죄의 삯은 사망이요"(롬 6:23). 죽음은 죄의 필연적 결과이다. "한 사람으로 말미암아 죄가 세상에 들어오고 죄로 말미암아 사망이 왔나니, 이와 같이 모든 사람이 죄를 지었으므로 사망이 모든 사람에게 이르렀느니라"(롬 5:12). 죄가 없었다면 죽음도 없었다. "죽음"이란 무엇인가? 마지막 숨을 내쉬고 몸이 굳은 후에 만물이 소름 돋게 고요해지는 것인가? 피가 순환을 멈추고 눈의 초점이 흐려질 때 얼굴 위로 드리워지는 종잇장 같은 창백함인가? 물론 그것도 맞지만, 그게 전부는 아니다. 그 말 속에는 육체적 기능의 사멸보다는 훨씬 더 애처롭고 비극적인 무언가가 담겨져 있다.

죄의 삯은 **영적** 사망이다. 죄는 모든 생명의 근원이신 하나님으로부터 분리된다. 이것은 에덴동산에서 드러났다. 타락하기 전에 아담은 조물주와 복된 사귐을 누렸지만, 죄가 이 세상에 들어온 날 저녁 무렵에 주 하나님께서 에덴동산에 오셔서 인류의 조상을 부르셨을 때, 죄지은 두 사람은 에덴동산 나무 사이에 **숨어버렸다**. 늘 빛이신 하나님과 더 이상 친밀한 사귐을 나눌 수도 없었고, 오히려 하나님으로부터 **멀어졌다**. 가인도 마찬가지였다. 주께서 물어보셨을 때, 그는 "내가 **주의 낯을** 뵈옵지 못하리니"(창 4:14, 강조 첨가)라고 말했다. 죄는 하나님께서 계신 곳에서 쫓겨난다. 이것이 이스라엘에게 주셨던 위대한 교훈이었다. 여호와의 보좌는 그들 가운데 있었지만 아무도 들어갈 수 없었다. 그는 지성소 안 스랍 사이에 거하셨고, 대제사장을 제외하고는 아무도 들어갈 수 없었다. 대제사장도 일 년에 단 하루 피를 가지고 들어갔다. 지성소와 성소 사이를 가르는 휘장은 하나님의 보좌 앞에 나가는 것을 금했으며, 이는 죄가 하나님으로부터 **분리되었다는** 엄숙한 사실을 입증했다.

죄의 대가는 죽음인데, 육체적인 죽음뿐만 아니라 영적인 죽음을 말한다. 단순히 자연적인 죽음이 아니라 본질적으로 **형벌의 죽음이** 다. 육체적인 죽음이란 무엇인가? 영과 혼이 육체로부터 분리되는 것이다. 그렇다면 형벌의 죽음은 영과 혼이 하나님으로부터 분리되는 것이다. 진리의 말씀은 쾌락 가운데 살고 있는 자에게 "살았으나 **죽었거니와**"(딤전 5:6, 강조 첨가)라고 말한다. 또한 탕자의 비유가 "죽음"이라는 말의 힘을 얼마나 놀랍게 표현하고 있는지 주목하라. 탕자가 돌아온 후 아버지는 말했다. "이 내 아들은 **죽었다가** 다시 살아났으며, 내가 잃었다가 다시 얻었노라"(눅 15:24, 강조 첨가). "타국"에 있던 것이었지 죽었던 것은 아니었다. 그러나 그는 육체적으로가 아니라 영적으로 죽었다. 아버지로부터 떨어져나가 분리되었다!

십자가 위에서 주 예수는 자기 백성들이 마땅히 받아야 할 대가를 치르고 계셨다. 그분은 죄가 없으셨다. 왜냐하면 그는 거룩하신 하나님이시기 때문이었다. 그러나 그는 나무에 달려 자신의 몸으로 **우리의 죄를 담당하셨다**(벧전 2:24). 우리를 대신하여 불의한 자를 위하여 의로운 자가 고난을 받으셨다. 우리의 평화를 위해 채찍질을 감내하셨다. 우리 죄의 대가는, 우리가 응당 받아야 할 고난과 채찍질은 바로 "죽음"이었다. 그저 육체적인 죽음이 아닌 형벌의 죽음이었다. 이미 말한 대로 이것은 하나님으로부터 분리됨을 의미했고, 그래서 구주는 외치셨다. "나의 하나님, 나의 하나님, 어찌하여 나를 버리셨나이까?"

끝내 회개하지 않는 사람들에게도 같은 일이 일어날 것이다. 주께 돌아오지 않는 자들을 기다리는 무시무시한 운명은 정해졌다. "이런 자들이 주의 얼굴과 그의 힘의 영광을 떠나 영원한 멸망의 형벌을 받으리로다"(살후 1:9, 강조 첨가). 모든 선의 원천이시며, 모든 복의 근원이신 하나님으로부터 영원히 분리되는 것이다. 그리스도는 악인들에게 "저주받은 자들아, 나를 떠나"라고 말씀하실 것이다. 그의 존전에서 사라지고 영원히 하나님으로부터 추방당하는 것이 저주받은 자들을 기다린다. 그래서 이름이 생명책에 기록되지 않은 자들이 영원히 거하는 불못이 "둘째 사망"(계 20:14)을 가리킨다. 존재가 소멸되지 않은 채 영원히 생명의 주님으로부터 분리되는 것이다. 그리스도께서 죄인을 대신하여 십자가에 달리신 그 세 시간 동안 겪으셨던 바로 그 분리됨이다. 그러므로 그리스도는 십자가에서 죄의 대가를 치루셨다.

'나의 하나님, 나의 하나님, 어찌하여 나를 버리셨나이까?'

2. 하나님의 절대적인 거룩과 확고부동한 정의를 나타낸다

갈보리의 비극은 적어도 네 가지 다른 관점에서 바라보아야 한다. 십자가에서 인간도 한 일이 있다. 온전하신 분을 붙잡아 "사악한 손"으로 나무에 못 박음으로써 인간의 타락을 드러냈다. 십자가에서 **사탄**도 한 일이 있다. 여자의 후손의 발꿈치를 상하게 하여 끝없는 적개심을 나타냈다. 십자가에서 **주 예수님**도 하신 일이 있다. 우리를 하나님께로 인도하기 위하여 죄인을 대신하여 의인이 죽으셨다. 십자가에서 하나님도 하신 일이 있다. 우리를 대신하여 죄를 지신 분에게 진노를 쏟아내어 거룩함을 나타내셨고 하나님의 의를 만족시키셨다.

인간의 필력은 흠 없는 하나님의 **거룩함**을 감히 기록할 능력도 없고 기록할 자격도 없다! 하나님은 너무나 거룩하셔서 인간은 그 분을 직접 뵈면 살 수가 없다. 너무나 거룩하셔서 천상(天上)도 그의 눈에는 정결하지 않다. 너무나 거룩하셔서 천사들조차도 하나님 앞에서는 얼굴을 가린다. 너무나 거룩하신 하나님 앞에 선 아브라함은 "티끌과 같은 나"(창 18:27)라고 외쳤다. 너무나 거룩하신 하나님 앞에 나온 욥은 "내가 스스로 한하고"(욥 42:6)라고 말했다. 너무나 거룩하신 하나님의 영광을 본 이사야는 외쳤다. "화로다 나여, 망하게 되었도다....만군의 여호와이신 왕을 뵈었음이로다"(사 6:5)라고 외쳤다. 다니엘이 현현하신 여호와를 뵈었을 때에 "내 몸에 힘이 빠졌고, 나의 아름다운 빛이 변하여 썩은 듯하였고"(단 10:8)라고 외쳤다. 하나님은 너무나 거룩하시기 때문에 성경은 이렇게 말한다. "주께서는 눈이 정결하시므로 악을 참아 보지 못하시며 패역을 참아 보지 못하시거늘"(합 1:13). 거룩하신 하나님께서 구주를 보지 않으시고 외면하여 버리신 것은 그가 우리의 죄를 지셨기 때문이다. 하나님은 그리스도에게 우리 모두의 악을 담당케 하셨다. 우리의 죄가 대속자인 그에게 있었기 때문에, 우리 죄를 향한 하나님의 진노는 대속자에게 쏟아져야 했다.

"나의 하나님, 나의 하나님, 어찌하여 나를 버리셨나이까?" 십자가 주위에 있던 사람은 아무도 대답할 수 없었던 질문이었다. 그때 제자들은 어느 누구도 대답할 수 없었던 질문이었다. 하늘에 있는 천사들도 대답하기 어려웠던 질문이었다. 그러나 주 예수는 자신의 질문에 대답했고 그 대답이 시편 22편에 있다. 시편 22편은 그의 고난을 내다보는 놀라운 예언이다. 구주가 십자가에서 네 번째로 하셨던 그 말씀으로 시작된다. 계속해서 같은 어조로 더 괴로운 흐느낌이 나오다가 3절에 "주는 거룩하시니이다"라는 말이 나온다. 그는 옳지 않다고 불평하지 않는다. 오히려 하나님의 의로우심을 인정한다—당신은 거룩하시며 내가 담당해야 할 내 손의 모든 빚을 처리하는 데 공정하십니다. 갚아야 할 내 백성의 죄를 모두 내가 지고 있으므로 당신의 날선 칼로 날 찌르는 것이 옳습니다. 당신은 거룩하시며 공명정대하신 심판자이십니다.

그러므로 우리는 십자가에서 그 유례를 찾아보기 어려운 죄의 극악무도함과 죄를 벌하시는 하나님의 정의를 목도한다. 노아 때는 세상이 물로 뒤덮였는가? 소돔과 고모라는 유황과 불로 멸망했는가? 애굽에는 역병이 돌고 바로와 그 군대는 홍해에 수장되었는가? 이 모든 것 속에 죄의 과실과 하나님의 혐오가 담겨 있을 수도 있다. 그러나 하나님께 버림받은 그리스도에게 나타난 죄의 과실과 하나님의 혐오는 훨씬 더 거대하다. 골고다에 가서 그를 보라. 그는 아버지의 진노의 잔을 마시셨고, 정의의 칼에 고난을 받으셨으며, 아버지께 거절당하셨고, 죽기까지 고난을 받으셨다. 그가 죄인을 대신하여 십자가에 달리셨을 때 하나님은 "아들이라도 용서하지 않으셨기" 때문이다.

자연이 어떻게 지독한 비극을 예감했었는지 보라. 지형 자체가 해골과 같다. 쏟아지는 거대한 진노 아래서 떠는 땅을 보라. 태양이 얼굴을 돌렸을 때 하늘을 보라. 땅은 어둠으로 뒤덮였다. 죄를 벌하시는 하나님의 무시무시한 진노를 볼 수 있다. 구약 시대에 떨어졌던 의의 벼락도, 유례없던 대환난의 시기에 배교자들에게 떨어질 진노도, 불못에서 저주받은 자들이 이를 갈고 슬퍼하는 것도 십자가 위에서 아들에게 타올랐던 진노만큼 하나님의 확고부동한 정의와 흠 없는 거룩을 보여 준 적이 없었고 앞으로도 없을 것이다. 그는 하나님의 끔찍한 심판을 견디어 내고 있었기 때문에 하나님께 버림받았다. 거룩하신 분, 죄를 미워하심이 무한하신 분, 순전하게 성육신하신 분(요일 3:3)이 우리를 위해 죄를 삼으셨다 (고후 5:21). 그래서 그는 진노의 폭풍 앞에 굴복하셨고 아무도 헤아릴 수 없는 수많은 사람들의 무수한 죄에 대한 하나님의 혐오가 드러났다. 이것이 갈보리가 보여 주는 진실이다. 하나님의 성품은 거룩하시기 때문에 죄라면 그것이 그리스도에게 있을지라도 심판하실 수밖에 없었다. 그리하여 십자가 위에서 하나님의 의는 충족되었고 하나님의 거룩은 입증되었다.

"나의 하나님, 나의 하나님, 어찌하여 나를 버리셨나이까?"

3. 겟세마네의 의미가 담겨 있다

주께서 십자가에 가까이 가시면서 땅은 점점 더 어두워졌다. 갓

난아기였을 때부터 그는 **사람들**에게 괴로움을 당했다. 공생애를 시작하면서 **사탄**에게 고난을 받으셨다. 그러나 십자가에서 그는 하나님의 손에 고난을 당하셔야 했다. 구주를 상하시게 한 분은 다름 아닌 여호와이셨다. 이것에 비하면 다른 모든 괴로움은 아무 것도 아니었다. 예수님은 겟세마네에서 세 시간에 걸친 흑암의 십자가 그 어둠 속으로 들어가셨다. 그래서 세 명의 제자들은 동산 바깥에 남겨 두셨다. 홀로 감당하셔야만 했기 때문이다. "내 마음이 심히 고민하여 죽게 되었으니"라고 탄식하셨다. 참혹한 죽음을 예견하면서 바짝 얼어붙어 떠는 것이 아니었다. 가족 같은 친구들에게 배신당하고 위기의 순간에 사랑하던 제자들에게 버림받는다는 생각도 아니었다. 그의 영혼을 압도하는 것도 앞으로 다가올 조롱과 비아냥거림과 매질과 못 박음도 아니었다. 이 모든 격렬한 고통도 그의 예민한 영혼이 대속죄인으로서 참아야만 했던 것에 비하면 아무 것도 아니었다.

"이에 예수께서 제자들과 함께 겟세마네라 하는 곳에 이르러 제자들에게 이르시되, '내가 저기 가서 기도할 동안에 너희는 여기 앉아 있으라' 하시고, 베드로와 세베대의 두 아들을 데리고 가실새 고민하고 슬퍼하사 이에 말씀하시되, '내 마음이 심히 고민하여 죽게 되었으니, 너희는 여기 머물러 나와 함께 깨어 있으라' 하시고, 조금 나아가사 얼굴을 땅에 대시고 엎드려 기도하여 가라사대, '내 아버지여, 만일 할 만하시거든 이 잔을 내게서 지나가게 하옵소서. 그러나 나의 원대로 마옵시고 아버지의 원대로 하옵소서' 하시고" (마 26:36~39). 여기에서 그는 먹구름이 올라오는 것을 바라본다. 무시무시한 폭풍이 다가오는 것을 본다. 암흑의 세 시간 동안 일어날 모든 일들과 형언할 수 없는 공포를 미리 생각해 본다. "내 마음이 심히 고민하여"라고 탄식하신다. 헬라식 표현이 가장 강렬하다. 그는 슬픔에 둘러싸였다. 하나님의 예견된 진노 속에 머리끝까지 잠겼다. 영혼의 모든 능력과 힘은 고뇌 속에 마비되었다.

성(聖)마가의 표현은 다르다. "심히 놀라시며" (14:33). 원래는 극심한 놀라움을 뜻하는 것으로 머리가 쭈뼛 서고 살에 소름이 돋는 것과 같다. 또한 "슬퍼하사"라고 말하는데, 이는 심각한 영적 침체가 있었음을 상징한다. 그의 마음은 끔찍한 잔을 보고 밀랍처럼 녹아 내렸다. 그러나 전도자 누가는 가장 강력한 용어를 사용한다. "예수께서 힘쓰고 애써 더욱 간절히 기도하시니 땀이 땅에 떨어지는 핏방울 같이 되더라" (눅 22:44). 여기에서 "힘쓰고"의 헬라식 표현은 전투에 임했다는 의미이다. 이전에 그는 사람들의 적대와 사탄의 방해를 맞서 싸웠다. 이제는 하나님께서 그에게 마시라고 주신 잔을 눈앞에 두고 있다. 죄를 미워하시는 하나님의 진노의 원액이 담겨진 잔이었다. 그래서 주님은 말씀하셨다. "만일 할만 하시거든 이 잔을 내게서 지나가게 하옵소서." 이 "잔"은 영적 교제의 상징이며, 영적 교제는 하나님의 사랑 안에서만 가능하다. 하나님의 진노 속에서 교제란 있을 수 없었다. 그러므로 이것은 영적 교제의 단절을 의미한다. 이어서 이렇게 말씀하셨다. "나의 원대로 마옵시고 아버지의 원대로 하옵소서." 그러나 그의 고뇌는 너무나 커서 "땀이 땅에 떨어지는 핏방울 같이 되더라." 구주가 진짜 핏방울을 흘렸을 것이라는 데는 의심의 여지가 없다. 그의 땀이 핏방울처럼 **보였을 뿐** 실제 핏방울은 **아니었다**는 말은 무의미하다. 강조점은 "피"라는 단어에 있는 것 같다. 그는 땀을 비 오듯 흘리듯이 **피**를 흘리셨다.

끔찍하지만 고난을 미리 경험하는 장소의 선택이 탁월하다. "겟세마네"라는 이름이 그것을 보여 준다! 이는 올리브를 짜는 틀이라는 뜻이다. 올리브의 과즙을 한 방울 한 방울 짜는 곳이었다! 그러므로 선택된 곳의 이름이 잘 어울렸다. 사실 이곳은 십자가의 발판으로, 말할 수 없고 비할 데 없는 고난의 발판으로 안성맞춤이었다. 십자가에서 그리스도는 겟세마네에서 받았던 컵을 마셨다.

"나의 하나님, 나의 하나님, 어찌하여 나를 버리셨나이까?"

4. 구주는 하나님에 대하여 확고한 신실성을 보여 주셨다

하나님으로부터 구속자가 버림받은 것은 엄연한 사실이며, 구속자에게는 오직 자신의 **믿음**만 남아 있었던 경험이었다. 십자가에서 우리 구주의 위치는 참으로 독특했다. 공생애 동안 하신 말씀과 십자가 위에서 외치신 말씀을 대조해 보면 쉽게 알 수 있다. 이전에 그는 말씀하셨다. "**항상** 내 말을 들으시는 줄을 내가 알았나이다"(요 11:42, 강조 첨가). 지금 그는 외치신다. "내 하나님이여, 내가 낮에도 부르짖고 밤에도 잠잠치 아니하오나 **응답치 아니하시나이다**"(시 22:2). 이전에 그는 말씀하셨다. "나를 보내신 이가 나와 함께 하시도다....**나를 혼자 두지 아니하셨느니라**"(요 8:29, 강조 첨가). 지금 그는 외치신다. "나의 하나님, 나의 하나님, **어찌하여 나를 버리셨나이까?**" 그는 아버지의 약속 외에는 의지할 것이 하나도 없었다. 그리고 고난의 울부짖음 속에 아버지의 존재가 있다. 이것은 고난의 절규이지 불신의 절규는 아니었다. 하나님은 그에게서 한 발짝 물러나셨지만, 그의 영혼은 여전히 하나님께 충실히 붙어 있음을 주목하라. 그의 믿음은 암흑 속에서도 하나님을 견고히 붙잡아 승리했다. "나의 하나님"—그는 말한다. "나의 하나님," 무한하시고 영원하신 능력의 당신, 나의 인성을 격려하시고 당신의 약속을 따라 당신의 종을 붙드시는 당신, 이 순간 나에게서 너무 멀리 가지 마소서. 나의 하나님 당신께 기댑니다. 보고 느낄 수 있는 모든 위로가 사라진 이 때에 구주는 눈에 보이지 않는 도움과 믿음의 피난처에 자신을 맡겼다.

시편 22편에서 하나님에 대해 확고한 구주의 신실함은 분명하다. 이 귀중한 시편에서 주님의 마음이 얼마나 깊은지 드러난다. 들어 보라. "우리 열조가 주께 의뢰하였고 의뢰하였으므로 저희를 건지셨나이다. 저희가 주께 부르짖어 구원을 얻고, 주께 의뢰하여 수치를 당치 아니하였나이다. 나는 벌레요, 사람이 아니라, 사람의 훼방거리요, 백성의 조롱거리니이다. 나를 보는 자는 다 비웃으며, 입술을 비쭉이고, 머리를 흔들며 말하되, '저가 여호와께 의탁하니 구원하실걸, 저를 기뻐하시니 건지실 걸' 하나이다. 오직 주께서 나를 모태에서 나오게 하시고, 내 모친의 젖을 먹을 때에 의지하게 하셨나이다. 내가 날 때부터 주께 맡긴 바 되었고, 모태에서 나올 때부터 주는 내 하나님이 되셨사오니" (시 22:4~10).

그의 적들이 목표로 했던 것은 바로 하나님에 대한 그의 믿음이었다. 그들이 비아냥거린 것은 여호와에 대한 그의 "신뢰"였다. 만약 그가 진실로 주를 신뢰하였더라면, 주님은 그를 구원하실 것이다. 그러나 구주는 구원이 없어도 계속 신뢰했고, 잠시 "버림을 받아도" 의지했다. 그는 어머니의 태에서 나온 이후로 계속 하나님을 의지했고, 죽음의 시간에도 여전히 하나님을 의지하고 있다. 그는 말씀하신다. "나를 멀리하지 마옵소서. 환난이 가깝고 도울 자 없나이다. 많은 황소가 나를 에워싸며, 바산의 힘센 소들이 나를 둘렀으며, 내게 그 입을 벌림이 찢고 부르짖는 사자 같으니이다. 나는 물 같이 쏟아졌으며, 내 모든 뼈는 어그러졌으며, 내 마음이 촛밀 같아서 내 속에서 녹았으며, 내 힘이 말라 질그릇 조각 같고, 내 혀가 잇틀에 붙었나이다. 주께서 또 나를 사망의 진토에 두셨나이다. 개들이 나를 에워쌌으며, 악한 무리가 나를 둘러 내 수족을 찔렀나이다. 내가 내 모든 뼈를 셀 수 있나이다. 저희가 나를 주목하여 보고, 내 겉옷을 나누며, 속옷을 제비 뽑나이다. 여호와여, 멀리하지 마옵소서. 나의 힘이시여, 속히 나를 도우소서. 내 영혼을 칼에서 건지시며, 내 유일한 것을 개의 세력에서 구하소서" (시 22:11~20). 욥은 하나님에 대하여 "그가 나를 죽이시리니 내가 소망이 없노라"(욥 13:15)고 말했다. 비록 죄에 대한 하나님의 진노가 그리스도께 쏟아졌지만 그는 여전히 신뢰했다. 그의 믿음은 신뢰보다 더 큰 일을 해냈다. 승리했다. "나를 사자 입에서 구하소서. 주께서 내게 응락하시고, 들소 뿔에서 구원하셨나이다" (시 22:21).

구주가 자기 백성들에게 모범을 보이셨다! 해가 찬란히 빛날 때 하나님을 신뢰하는 것은 비교적 쉽다. 사방이 어두워졌을 때 시험은 온다. 그러나 번성할 때뿐만 아니라 역경에 처할 때도 하나님을 의지하지 않는 믿음은 하나님께서 택하신 백성들의 믿음이 아니다. 우리는 믿음으로 인해 죽을 수도 있는 믿음을 가졌다면, 믿음으로 인해 살 수도 있는 믿음을 가져야 한다. 구주는 어머니의 태에서 나와 하나님을 의지하여 33년 동안 내내 순간마다 하나님을 의지했고, 놀랍게도 죽음의 시간에도 여전히 하나님을 신뢰하고 있다. 믿음의 생활을 하고 있더라도 모든 것이 암흑일 수 있고, 하나님 얼굴의 광채를 더 이상 볼 수 없을지도 모른다. 하나님의 섭리가 당신에게서 등을 돌린 것 같을 수도 있다. 그렇지만 여전히 고백하라. 엘리 엘리, 나의 하나님, 나의 하나님.

"나의 하나님, 나의 하나님, 어찌하여 나를 버리셨나이까?"

5. 우리 구원의 기반이 되었다

하나님은 거룩하시기에 죄를 간과하지 않으신다. 하나님은 의로우시기에 어떠한 죄든지 반드시 심판하신다. 그러나 하나님은 또한 사랑이다. 하나님은 자비를 베푸시길 기뻐하셨다. 그래서 무한하신 지혜로 의가 충족될 수 있는 길을 생각하셨고 자비가 범죄한 죄인들에게 풍성히 넘쳐흘렀다. 바로 대속의 길이며 의인이 불의한 자를 대신하여 고난을 받는 것이었다. 다른 어느 누구도 그 조건을 만족시킬 수 없기에 하나님의 아들 자신이 대속물로 선택되었다.

나훔을 통해 이 질문이 제기되었다. "누가 능히 그 분노하신 앞에 서며, 누가 능히 그 진노를 감당하랴" (1:6, 강조 첨가). 주이시며 구주이신 예수 그리스도의 사랑스러운 인격 안에 그 답이 있다. 그만이 홀로 "설" 수 있었다. 오직 한 분만이 그 저주를 견딜 수 있었고, 저주를 딛고 승리자로 일어날 수 있었다. 오직 한 분만이 그 모든 복수의 진노를 참아내고, 의의 법을 찬미하고, 영화롭게 할 수 있었다. 오직 한 분만이 사탄에게 발꿈치를 상하시고도 죽음의 능력을 가진 사탄을 멸망시킬 수 있으셨다. 하나님은 **능력 있는 자** (시 89:19), 여호와의 동역자, 영광의 광채, 하나님 본체의 형상이신 분을 붙드셨다. 그러므로 끝없는 사랑, 확고한 정의, 전능하신 능력, 이 모든 것이 합력하여 믿는 자들의 구원을 가능케 하셨다.

십자가에서 우리의 모든 사악함은 그리스도께 옮겨졌고 하나님의 심판은 그에게 떨어졌다. 형벌이 전가되지 않고서는 죄가 전가될 길이 없다. 죄와 그에 따른 형벌이 주 예수께 옮겨졌다. 십자가에서 그리스도는 속죄하셨고, 속죄는 오로지 **하나님께 달린 것이다.** 그것은 하나님의 거룩함에 합당한가라는 의문이었다. 그것은 하나님의 의를 만족시키는가 하는 문제였다. 그리스도의 피는 **우리를** 위해서 흘려진 것뿐만 아니라 또한 **하나님을** 위해서도 흘려진 것이었다. "그는 우리를 위하여 자신을 버리사 향기로운 제물과 생축으로 **하나님께 드리셨느니라**" (엡 5:2, 강조 첨가). 그러므로 이것은 애굽에서 뇌리에 각인된 유월절 그 밤에 이미 예시되었다. 양의 피가 하나님의 눈이 볼 수 있는 곳에 있어야 한다. "내가 피를 볼 때에 너희를 넘어가리니!"

십자가 위에서 그리스도의 죽으심은 저주의 죽음이었다. "그리스도께서 우리를 위하여 저주를 받은 바 되사 율법의 저주에서 우리를 속량하셨으니, 기록된 바 나무에 달린 자마다 저주 아래 있는 자라 하였음이라" (갈 3:13). "저주"란 하나님과의 단절이다. 이는 그리스도께서 능력의 날에 그의 왼편에 선 자들에게 "저주를 받은 자들아, 나를 떠나"(마 25:41)라고 하실 말씀에서 명백하다. 저주는 하나님의 임재와 영광에서 **추방되는** 것이다. 이런 뜻을 담은 이야기가 구약에 수없이 많이 있다. 매해 대속죄일이 되면 수송아지를 죽여서 피를 흩뿌린 후에, 그 잔해는 속죄소 앞에서 **진 밖으로 내어다가 버려** 불태운다 (레 16:27). 하나님께서 머무시는 곳이 진의 중앙이었다. 진 밖으로 버려지는 것은 하나님의 임재에서 쫓겨나는 것이었다. 문둥병자도 마찬가지였다. "병 있는 날 동안은 늘 부정할 것이라. 그가 부정한즉 혼자 살되, **진 밖에 살지니라**" (레 13:46, 강조 첨가). 문둥병은 죄인의 전형이었기 때문에 진 밖으로 쫓겨났다. 또한 "구리뱀"의 예표도 있다. 왜 하나님은 모세에게 "구리뱀"을 장대에 매달아 뱀에 물린 이스라엘 백성들에게 그것을 쳐다보라고 말씀하셨을까? 뱀을 그리스도의 예표, 거룩하신 하나님이라고 생각해 보라! 뱀이 그리스도의 예표인 것은 맞지만 그가 "우리를 대신하여 **저주를 지셨다**"는 것을 상징한다. 뱀은 저주의 상징물이기 때문이었다.

십자가 위에서 그리스도는 이러한 구약의 전조(前兆)들을 이루셨다. 그는 하나님의 임재에서 단절되어 "성문 밖에" (히 13:12 비교) 계셨다. 그는 우리를 위하여 죄를 삼으심으로 "문둥병자"와 같이 되셨다. 그는 우리를 위하여 저주를 받으심으로 "구리뱀"처럼 되셨다. 그러므로 가시면류관의 깊은 의미는 바로 저주의 상징이다! 머리에 가시면류관을 쓰시고 높이 들리심은 우리를 위하여 저주를 감당하셨다는 것을 보여 준다.

이것은 또한 죽음의 장막이 땅을 뒤덮었던 암흑의 세 시간이 가지는 의미를 나타낸다. 초자연적인 어둠이었다. 해가 중천에 떠 있었기 때문에 밤이 아니었다. 스펄전 목사가 말했듯이 "대낮에 한밤중이었다." 월식도 없었다. 유명한 천문학자는 십자가 처형이 있던 시간에 달은 태양에서 가장 멀리 있었다고 말한다. 그러나 그리스도의 이 절규는 마치 어둠이 이 비통한 절규의 의미를 알려 주듯이 어둠의 의미를 알려 준다. 오직 한 가지만이 이 어둠을 설명할 수 있듯이 오직 한 가지만이 이 절규를 해석할 수 있다. 바로 그리스도가 죄인과 잃어버린 바 된 자들을 대신하셔서 죄를 지시고 그의 백성이 마땅히 받아야 할 심판을 견디시며 죄를 모르시는 분이 우리를 위하여 "죄를 삼으셨다." 이 절규는 거기서 무슨 일이 벌어지고 있는가를 알려 준다. 그것은 속죄의 **명시**였다. 왜냐하면 셋(세 시간)은 항상 명시를 의미하는 숫자이기 때문이다. 하나님은 빛이시고 "어둠"은 하나님이 계시지 않다는 자연적인 징후이다. 구속자는 죄인의 죄를 지고 **홀로** 남겨졌다. 이것이 세 시간 동안의 암흑에 대한 설명이다. 죄인이 불못에서 이중고(二重苦), 즉 육체의 고통과 상실의 고통을 겪듯이 그리스도도 쏟아지는 하나님의 진노와 더불어 하나님의 임재와 교통이 사라지는 고통을 당하셨다.

믿는 자들에게 십자가의 의미는 갈라디아서 2장 20절에 설명되어 있다. "내가 그리스도와 함께 십자가에 못 박혔나니." 그는 나의 대속물이었다. 하나님은 나를 구주와 하나로 인정하셨다. 그의 죽음은 나의 죽음이었다. 그는 **나의** 허물을 인하여 찔리셨고, 나의 죄악을 인하여 상하셨다. 죄가 제쳐진 게 아니라 제거되었다. 누군가 말했듯이 "하나님은 그 아들에게서 죄를 심판하셨기 때문에 믿는 죄인들을 그 아들 **안에서** 용납하신다." 우리의 생명은 하나님 안에서 그리스도와 함께 감추어져 있다 (골 3:3). 그리스도가 하나님으로부터 내쳐졌기 때문에 나는 그리스도 안에 갇혀 있게 되었다.

그는 우리를 대신하여 고난당하심으로 자기 백성을 구원하셨다.

그의 머리 위로 떨어진 저주들은 당연히 우리의 몫이었다.
그의 복된 머리에 굴복한 폭풍은 이제 영원히 잠잠하다.
그의 머리에는 영광의 면류관이 둘려 있고,
나에게는 하나님의 평안이 주어졌다.

여기에 우리 구원의 기반이 있다. 우리의 죄는 값이 치러졌다. 우리에 대한 하나님의 요구는 충분히 만족되었다. 그리스도가 하나님께 잠시 버림받음으로 우리는 영원히 하나님의 임재를 누리게 되었다. "나의 하나님, 나의 하나님, 어찌하여 나를 버리셨나이까?" 모든 믿는 영혼들은 고백하라. 그가 끔찍한 어둠 가운데 들어가셔서 내가 빛 가운데 걷게 되었다고. 그가 진노의 잔을 드셔서 내가 기쁨의 축배를 들게 되었다고. 그가 버림받아서 내가 사함을 받게 되었다고!

"나의 하나님, 나의 하나님, 어찌하여 나를 버리셨나이까?"

6. 우리를 향한 그리스도의 사랑을 완전하게 증명한다

"사람이 친구를 위하여 자기 목숨을 버리면 이에서 더 큰 사랑이 없나니" (요 15:13). 그러나 **그리스도의 사랑**의 위대함은 그의 사랑에서 "버리면"이 의미하는 것을 알 수 있을 때에만 가능할 수 있다. 말할 수 없는 수치와 표현할 수 없는 고난의 죽음이었지만, 그 사랑은 단순히 육체적인 죽음만은 아니었다. 우리를 대신하여 우리를 위하여 "죄를 삼으셨다"는 사랑이며, 그 의미는 그의 **성품**의 관점에서 볼 때만 알 수 있다.

완벽하게 고결하고 덕망이 있는 여인이 잠시 동안 사악하고 경박하기 짝이 없는 사람들과 지내야 한다고 가정해 보자. 그녀가 악의 소굴에 갇힌 채 죄악 된 사람들에게 둘러싸여 빠져나갈 길이 없다고 생각해 보자. 그녀가 더러운 욕지거리들과 술에 찌든 환락과 음란한 분위기를 얼마나 혐오할지 상상할 수 있을까? 그런 부도덕함 속에서 순수한 영혼이 당하는 고난을 생각이나 할 수 있는가? 그러나 이러한 실례(實例)는 찾아보기 힘들다. 고결하고 덕망이 있으며 도덕적으로 결백한, 즉 완벽하게 순수한 여인은 없기 때문이다. 물론 순수한 여인은 있을 수 있지만, 죄가 하나도 없고 영적으로 순전하다는 의미에서 순수한 여인은 없다. 그러나 그리스도는 완벽하게 순수하셨다. 그는 거룩한 분이셨다. 죄를 진저리나도록 싫어하셨다. 혐오하셨다. 그의 거룩한 영혼은 죄를 피하였다. 그러나 십자가 위에서 우리의 모든 사악함이 그에게 얹혀졌다. 그리고 악한 죄는 똬리를 튼 끔찍한 뱀처럼 그를 둘러싸고 황홀경에 빠졌다. 그는 우리를 위하여 기꺼이 고난을 당하셨다! 왜 그랬을까? 그는 우리를 사랑하셨다. "세상에 있는 자기 사람들을 사랑하시되 끝까지 사랑하시니라"(요 13:1).

그러나 이것이 전부가 아니다. 우리를 향한 그리스도의 사랑의 위대함은 그에게 쏟아진 하나님의 진노를 측정할 수 있을 때에만 가늠할 수 있다. 하나님의 진노로 그의 영혼은 움츠러들었다. 하나님의 진노가 예수님께 무슨 의미였는지 또 예수님께서 치르신 대가는 무엇이었는가는 그의 비장한 독백과 하나님께 한 간청을 들어볼 수 있는 시편을 자세히 살펴보면 일부분 알 수 있을 것이다. 주 예수는 성령으로 다윗의 울부짖음을 통해 미리 말씀하신다. "하나님이여, 나를 구원하소서. 물들이 내 영혼까지 흘러들어왔나이다. 내가 설 곳이 없는 깊은 수렁에 빠지며, 깊은 물에 들어가니, 큰물이 내게 넘치나이다. 내가 부르짖음으로 피곤하여 내 목이 마르며, 내 하나님을 바람으로 내 눈이 쇠하였나이다....나를 수렁에서 건지사 빠지지 말게 하시고, 나를 미워하는 자에게서와 깊은 물에서 건지소서. 큰물이 나를 엄몰하거나 깊음이 나를 삼키지 못하게 하시며, 웅덩이로 내 위에 그 입을 닫지 못하게 하소서....주의 얼굴을 주의 종에게서 숨기지 마소서. 내가 환난 중에 있사오니 속히 내게 응답하소서. 내 영혼에게 가까이하사 구속하시며, 내 원수를 인하여 나를 속량하소서. 주께서 나의 훼방과 수치와 능욕을 아시나이다. 내 대적이 다 주의 앞에 있나이다. 훼방이 내 마음을 상하여 근심이 충만하니, 긍휼히 여길 자를 바라나 없고, 안위할 자를 바라나 찾지 못하였나이다"(시 69:1~2, 14~15, 17~20). 또한 "주의 폭포 소리에 깊은 바다가 서로 부르며, 주의 파도와 물결이 나를 엄몰하도소이다"(시 42:7). 죄에 대한 하나님의 혐오가 휘몰아쳐서 죄를 짊어진 자를 홍수처럼 덮쳤다. 십자가의 거대한 고난을 바라보면서 그는 예레미야를 통해 외치셨다. "무릇 지나가는 자여, 너희에게는 관계가 없는가? 내게 임한 근심 같은 근심이 있는가? 볼지어다, **여호와께서 진노하신 날에 나를 괴롭게 하신 것이로다**"(애 1:12, 강조 첨가). 영원한 지옥에 준(準)하는 고통이 압축된 십자가 위에서의 세 시간 동안 거룩한 자가 외친 형언할 수 없는 두려움을 가늠하여서 얻을 수 있는 깨달음은 바로 이것이다. 아버지께서 사랑하는 자는 그에게서 숨겨진 하나님의 얼굴에서 나오는 빛을 얻어야만 한다. 그렇기 때문에 그는 홀로 바깥 어둠에 남겨져야 한다.

여기에 비할 데 없고 측량할 수 없는 사랑이 있었다. "만일 할만하시거든 이 잔을 내게서 지나가게 하옵소서"라고 절규하셨다. 그러나 그가 그 끔찍한 진노와 고뇌의 잔을 마시지 않았다면 그의 백성들이 구원받을 수 없었다. 그것을 마실 수 있는 다른 사람은 없었기 때문이다. 그는 그 잔을 마셨다. 복된 이름이여! 죄로 인해 사람이 타락한 곳에 사랑으로 인해 구주가 임하셨다.

'나의 하나님, 나의 하나님, 어찌하여 나를 버리셨나이까?'

7. "헛된 소망"이 사라졌다

구주의 이 외침은 모든 잃어버린 영혼들의 마지막 상태를 예고한다. 하나님께 버림받다! 진실된 믿음을 가졌다면 그 날에 대해 잘못된 가르침을 경고할 수밖에 없다. 하나님은 모든 사람을 사랑하시고 또한 너무나 자비하셔서 위협적인 말씀이 실제로는 절대 일어나지 않을 거라는 말들을 한다. 이것은 구약의 뱀이 하와와 논쟁한 것과 똑같다. 하나님은 말씀하셨다. "네가 먹는 날에는 정녕 죽으리라." 뱀은 말한다. "너희가 결코 죽지 아니하리라." 그러나 누구의 말이 진실이었는가? 사탄이 아니었다. 왜냐하면 그는 처음부터 거짓말쟁이이기 때문이다. 하나님의 경고는 실제가 되었고, 태초의 조상은 하나님의 명령에 불순종한 바로 그 날에 영적으로 죽었다. 그러므로 다가올 날에도 이것은 입증될 것이다.

하나님은 자비하시다. 구주를 보내 주셨다는 사실이 이를 입증한다. 당신을 부르셔서 그리스도를 구주로 영접케 하시는 사실이 그의 자비를 증거한다. 하나님이 그토록 오랫동안 당신으로 인해 마음 아파하시면서 지금까지도 제멋대로의 반항을 참아 주시고 이 순간까지 은혜의 날을 연장해 주셨다는 사실이 그것을 입증한다. 그러나 하나님의 자비에는 한계가 있다. 자비의 날은 곧 종말이 올 것이다. 소망의 문은 곧 빠르게 닫힐 것이다. 죽음은 한 순간에 당신을 넘어뜨릴 것이다. 그리고 죽음 이후에는 "심판"이 있다. 심판의 날에 하나님께서는 자비가 아니라 정의로 다루실 것이다. 당신이 비웃은 자비를 갚으실 것이다. 이미 당신에게 내려진 영원한 형벌을 집행하실 것이다. "믿지 않는 사람은 정죄를 받으리라" (막 16:16).

이미 말한 바를 장황하게 다시 늘어놓지는 않겠다. 그리스도의 이 절규가 죄를 미워하시는 하나님을 어떻게 입증하는지만 다시 한번 상기하는 것으로 충분하다. 하나님은 거룩하시고 의로우시기 때문에 죄가 있으면 반드시 심판하셔야 한다. 하나님께서 주 예수에게서 죄를 발견했을 때 그를 용서하지 않았다면, 당신이 죄가 있는 채로 심판장이신 하나님 앞에 섰을 때 용서받으리라는 희망이 가당하기나 한가? 그리스도가 백성들을 대신하여 십자가에 달리셨을 때 하나님께서 진노를 퍼부으셨다면, 당신이 죄를 가지고 죽었을 때 당신에게 진노를 퍼부으실 것은 너무나도 자명하다. 진리의 말씀은 명백하다. "아들을 믿는 자는 영생이 있고, 아들을 순종치 아니하는 자는 영생을 보지 못하고, 도리어 하나님의 진노가 그 위에 머물러 있느니라" (요 3:36). 하나님은 아들이 죄인을 대신하여 섰을 때 "용서하지 않으셨다." 그러므로 구주를 거절하는 자는 용서하

지 않으실 것이다. 그리스도는 세 시간 동안 하나님으로부터 단절
되었다. 만약 당신이 그를 당신의 구주로 받아들이지 않는다면 당
신은 하나님으로부터 영원히 단절될 것이다. "이런 자들이 주의 얼
굴과 그의 힘의 영광을 떠나 영원한 멸망의 형벌을 받으리로다" (살
후 1:9).

> "나의 하나님, 나의 하나님, 어찌하여 나를 버리셨나이까?"
> 여기에 비참한 절규가 있었다―
>   당신은 이런 감정을 절대 갖지 말기를.
> 여기에 단절의 절규가 있었다―
>   당신은 이것을 절대 경험하지 말기를.
> 여기에 죽음의 절규가 있었다―
>   당신은 구원으로 죽음을 준비하길.

5

고난의 말씀

The *Word* of *Suffering*

이후에 예수께서 모든 일이 이미 이룬 줄 아시고,

성경으로 응하게 하려 하사

가라사대, "내가 목마르다" 하시니.

요한복음 19:28

내 가 목마르다." 고난을 당하시는 구주가 머리를 숙이시고,
영혼이 돌아가시기 직전에 하신 말씀이었다. 이 말씀은 요
한복음에만 기록되어 있는데, 앞으로 살펴보겠지만 그리스도의 인
성(人性)을 증거할 뿐만 아니라 영광스러운 신성(神性)도 드러내는 말
씀이기에 기록되는 것이 타당하다.

"내가 목마르다." 감동적인 설교 한 편에 버금가는 구절이다! 짧
지만 포괄적이고 표현이 풍부하며 비극적이다! 하늘과 땅을 만드
신 이가 입술이 마르셨다! 영광의 주께서 한 모금의 물이 절실했다!

아버지께서 사랑하시는 자가 외치신다! "내가 목마르다." 믿어지지 않는 광경이다! 이 무슨 말인가! 영감을 받지 않고서는 이런 그림을 그려낼 수 없었다.

구약에서 하나님의 영은 다윗을 감동시켜 오실 메시야에 대한 이야기를 하신다. "저희가 쓸개를 나의 식물로 주며 **갈할 때에** 초로 마시웠사오니" (시 69:21, 강조 첨가). 이 얼마나 놀랍도록 완벽한 예견인 가! 중요한 것은 하나도 빠진 것이 없었다. 위대한 비극에서 중요한 세부 사항은 모두 다 미리 기록되어 있었다. 가까운 친구의 배신 (시 41:9), 당황한 제자들이 예수님을 버림 (시 31:11), 무고(誣告; 시 35:11), 재판관 앞에서 침묵하심 (사 53:7), 무죄로 밝혀짐 (사 53:9), 범죄자로 헤아려짐 (사 53:12), 십자가에 못 박힘 (시 22:16), 구경꾼들의 조롱 (시 109:25), 구원받지 못하고 있다는 비아냥거림 (시 22:7-8), 옷 때문에 제 비뽑음 (시 22:18), 원수들을 위한 기도 (사 53:12), 하나님께 버림받음 (시 22:1), 목마름 (시 69:21), 아버지의 손에 영혼을 맡기심 (시 31:5), 다리 를 꺾지 않음 (시 34:20), 부자의 무덤에 장사됨 (사 53:9). 이 모든 일들 은 이 일들이 일어나기 몇 세기 전에 명확하게 예언되었다. 성경이 하나님의 영감으로 기록되었다는 설득력 있는 증거이다! 그의 탁 월한 말씀에 믿음의 뿌리를 내리는 것이 얼마나 견고한가!

"내가 목마르다." 이것이 십자가 위에서 주님이 하신 일곱 마디 말씀 중에 하나로 기록되었다는 사실은 귀중한 의미를 지닌 말씀이 며, 우리 마음속에서 보석처럼 빛날 말씀이며, 오랜 시간을 두고 묵상할 가치가 있는 말씀이라는 것을 암시한다. 구주가 극심한 고 통 가운데 하신 말씀 하나하나가 우리에게 깊은 가르침이 되고 있 다. 물론 이것도 예외는 아니다. 우리는 이 말씀에서 무엇을 헤아려야 하는가? 다섯 번째로 하신 이 말씀이 우리에게 가르치는 교훈은 무엇인가? 우리가 말씀에 집중하려고 애쓸 때에 진리의 영께서 우리의 이해를 밝혀 주시길 소망한다.

"내가 목마르다."

1. 그리스도의 인성을 보여 준다

주 예수는 온전한 하나님이셨다. 그러나 또한 온전한 인간이셨다. 이것은 믿어야 할 것이지 이성으로 헤아릴 일이 아니다. 사랑스러운 우리 구주의 인성은 지성으로 진단을 내릴 수 있는 대상이 아니다. 오히려 그 앞에서 우리는 머리 숙여 경배해야 한다. 그는 우리에게 "아버지 외에는 아들을 아는 자가 없고"라고 말씀하셨다 (마 11:27). 또한 하나님의 영이 사도 바울을 통해 "크도다 경건의 비밀이여, 그렇지 않다 하는 이 없도다. 그는 육신으로 나타난 바 되시고"라고 선포하신다 (딤전 3:16). 우리의 머리로는 그리스도의 인성 중에 많은 부분을 헤아릴 길이 없지만 그의 모든 것은 존경할 만하며 사랑스럽다. 주님의 신성과 인성은 가장 뛰어나며 그 둘이 하나의 인격체 속에 완벽한 연합을 이룬다. 주 예수는 신적인 사람이나 인간화된 하나님이 아니셨다. 그는 하나님이시자 사람이셨다. 영원하신 하나님이시며 또한 세상에서는 영원한 사람이시다. 하나님께서 사랑하시는 자가 성육신하셨을 때 비록 세상이 창조되기 전에 아버지와 함께 나누셨던 **영광**은 잠시 벗으셨지만, 여전히 하나님이셨을 뿐만 아니라 하나님의 특성 그 어느 것도 잠시 접어두지 않으셨다. 그러나 성육신을 통해 말씀은 육신이 되셨고 사람 사이에 거하셨다. 그는 이전의 모습을 하나도 버리지 않으셨지만 이전에는 없었던 완벽한 인성을 취하셨다.

구주의 신성과 인성 모두 메시야 예언에서 다루어졌다. 예언은 오실 자를 때로는 신으로 때로는 인간으로 나타냈다. 그는 "여호와의 싹"이었다 (사 2:4). 기묘자, 전능하신 하나님, (히브리인들의) 영존하시는 아버지, 평강의 왕이었다 (사 9:6). 베들레헴에서 태어나 이스라엘을 다스릴 자는 그 근본이 상고에, 태초부터 있었다 (미 5:2). 홀연히 그 전에 임하시는 분은 다름 아닌 여호와 자신이셨다 (말 3:1). 그러나 한편으로 그는 여자의 후손이었다 (창 3:15). 모세와 같은 선지자 (신 18:18), 다윗의 몸에서 날 아들이었다 (삼하 7:12~13). 그는 여호와의 "종"이었다 (사 42:1). "질고를 아는 자"였다 (사 53:3). 그리고 신약에서 이 두 가지 서로 다른 예언들이 일치되고 있다.

베들레헴에서 탄생하신 이가 하나님의 말씀이셨다. 성육신은 하나님 자신이 사람으로 현현하신 것이 아니다. 말씀이 육신이 되셨다. 이전의 모습은 하나도 버리지 않은 채 이전에는 아니었던 모습이 되셨다. "그는 근본 하나님의 본체시나 하나님과 동등됨을 취할 것으로 여기지 아니하시고, 오히려 자기를 비어 종의 형체를 가져 사람들과 같이 되었고" (빌 2:6~7). 베들레헴의 아기는 임마누엘, 우리와 함께 하신 하나님이셨다. 그는 하나님이 나타나신 것 그 이상이었다. 그는 육체로 나타나신 하나님이셨다. 하나님의 아들인 동시에 사람의 아들이셨다. 두 개의 분리된 인격이 아니라 두 개의 본성, 신성과 인성을 소유한 하나의 인격체였다.

이 세상에 계실 때 주 예수는 자신의 신성을 확실히 보여 주셨다. 하늘의 지혜로 말씀하셨고, 하나님의 거룩함으로 행하셨으며, 신의 능력을 보여 주셨고, 하나님의 사랑을 나타내셨다. 사람들의 생각을 읽으셨고, 사람들의 마음을 감동시켰으며, 사람들의 의지를 이끄셨다. 그가 능력을 행하려고 하셨을 때 모든 자연은 그의 명령에 복종했다. 그의 입에서 한 마디 말씀만 나오면 병이 떠나고, 폭풍우가 잠잠해지며, 사탄이 떠나고, 죽은 자가 살아 일어났다. 분명히 그는 육신으로 나타난 하나님이셨기에 "나를 본 자는 아버지를 보았고"라고 말씀하실 수 있었다.

사람들 사이에 거하시는 동안 주 예수는 자신의 인성, 죄없는 인성도 확실히 보여 주셨다. 그는 이 세상에 아기로 "강보로 싸서" 오셨다 (눅 2:7). 어린아이였을 때는 "그 지혜와 그 키가 자라가며" (눅 2:52), 소년이었을 때는 "묻기도" 하셨다 (눅 2:46). 성인이 되셨을 때는 육체가 "곤하기"도 하시고 (요 4:6), "금식"도 하시고 (마 4:2), "주무시더니" (막 4:38), "이상히" 여기시기도 하셨다 (막 6:6). "눈물을" 흘리셨다 (요 11: 35). "기도"하셨다 (막 1:35). "기뻐"하기도 하시고 (눅 10:21), "심령에 통분히 여기시고 민망히 여기시기도" (요 11:33) 하셨다. 그리고 본문에서는 "내가 목마르다"라고 외치셨다. 이것이 인성의 증거였다. 하나님은 갈증을 느끼시지 않는다. 천사도 마찬가지이다. 영광 중에 있는 우리도 그럴 것이다. "저희가 다시 주리지도 아니하며, 목마르지도 아니하고" (계 7:16). 그러나 지금 우리는 인간이기에, 슬픔이 가득한 세상에 살기에 목마르다. 그리고 그리스도도 인간이셨기에 목마르셨다. "그러므로 저가 범사에 형제들과 같이 되심이 마땅하도다" (히 2:17).

"내가 목마르다."

2. 그리스도의 고통이 극심하였다

먼저 이 외침이 육체의 고통을 표현한 것으로 생각해 보자. 이 말씀의 내면을 들여다보려면 이전에 있었던 일들을 돌아보아야 한다. 마가의 다락방에서 만찬을 들고 제자들과 기나긴 대화를 나누신 구속자는 겟세마네로 자리를 옮기셔서 한 시간 동안 깊은 고뇌에 시달리셨다. 그의 영혼은 슬픔이 넘쳐흘렀다. 끔찍한 잔을 생각할 때에 땀방울이 아니라 핏방울이 주르륵 흘렀다. 겟세마네 동산에서 치열하게 고뇌하던 것도 그를 체포하려는 군병들과 동행한 배신자가 나타나면서 끝나버렸다. 그는 가야바 앞에 끌려갔고 한밤중이었지만 심문을 당하고 모욕을 당했다. 구주는 이른 아침까지 잡혀 있다가 피곤하게 대기하던 시간이 지나자 빌라도 앞에 끌려갔다. 지루한 재판이 있은 후에 채찍질하라는 명령이 떨어졌다. 그 다음에 아마도 도시 한복판을 가로질러 헤롯의 재판장으로 이끌려가서 헤롯 앞에 잠깐 선 후에 잔인한 군병들 손에 넘겨졌다. 다시 조롱당하고 채찍을 맞고 또 다시 도시를 가로질러 빌라도에게 끌려갔다. 다시 한 번 지루한 기다림이 있었고, 정식 재판 절차—이 웃기는 연극에 굳이 이름을 붙이자면—를 거쳐서 사형 선고가 내려졌다. 그리고 나서 피범벅이 된 등에 십자가를 지고 한낮의 열기 속에서 바위투성이 골고다 언덕을 향해 갔다. 처형 장소에 도착하여 그의 손과 발은 나무에 못 박혔다. 세 시간 동안 가시관을 쓴 머리에 사정없이 내리쬐는 햇빛을 받으며 매달려 있었다. 암흑의 세 시간이 지나고 이제 막 끝나려 한다. 그 밤과 그 낮은 영원이 함축되어 있는 시간이었다. 그러나 그러는 내내 그의 입 속에서 중

얼거림은 단 한 마디도 없었다. 불평도 애원도 없었다. 모든 고난을 위엄 있는 침묵 속에서 견디어 내셨다. 양털 깎는 이 앞에서 말 못 하는 양과 같이 그는 입을 열지 않으셨다. 그러나 마침내 그의 온몸은 고통에 만신창이가 되었고 입술은 타 들어갔다. 그는 외치셨다. "내가 목마르다." 동정을 구하는 것도 고통을 감해 달라는 요구도 아니었다. 겪고 있는 고난이 극심함을 표현한 것이다.

"내가 목마르다." 일상적인 목마름이 아니었다. 그 내면에는 육체의 고통보다 더 절박한 무언가가 있었다. 마태복음 27장 48절과 본문을 주의 깊게 비교해 보면 "내가 목마르다"는 말씀이 네 번째 말씀, "엘리 엘리 라마 사박다니"에 이어서 바로 나왔다. 그 이유는 군병이 입술에 신포도주를 적신 해융을 대 주는 동안 구경꾼 중에 하나가 "가만 두어라. 엘리야가 와서 그를 구원하나 보자"라고 외쳤기 때문이다 (마 27:49). 우리는 영혼 내면의 시험이 육체에 영향을 미쳐 신경을 찌르고 기력을 쇠하게 한다는 것을 안다. "심령의 근심은 뼈로 마르게 하느니라" (잠 17:22). "내가 토설치 아니할 때에 종일 신음하므로 내 뼈가 쇠하였도다. 주의 손이 주야로 나를 누르시오니, 내 진액이 화하여 여름 가물에 마름 같이 되었나이다" (시 32:3~4). 육체와 영혼은 서로 교감한다.

구주가 세 시간 동안 하나님이 외면하시는 암흑 속에서 맹렬하게 쏟아지는 진노를 견디어 내어 이제 막 벗어나시려는 순간임을 기억하자. 육체의 고통을 표현하는 이 외침은 막 지나온 영적 갈등이 **혹독**했음을 말해 준다! 바로 이 순간에 대해 예수님은 예레미야의 입을 빌려 말씀하셨다. "무릇 지나가는 자여, 너희에게는 관계가 없는가? 내게 임한 근심 같은 근심이 있는가? 볼지어다, 여호와께서 진노하신 날에 나를 괴롭게 하신 것이로다. 위에서부터 나의 골수에 불을 보내어 이기게 하시고, 내 발 앞에 그물을 베푸사 나로 물러가게 하셨음이여. 종일토록 고적하여 곤비케 하셨도다"(애 1:12~13). 그의 "목마름"은 하나님의 맹렬한 진노의 열기로 그의 영혼이 고난을 받았던 결과였다. 살아계신 하나님이 계시지 않는 땅의 **가뭄**을 말했다. 그러나 이것이 전부가 아니다. 이는 분명히 세 시간 동안 단절되었던 하나님과의 영적 교통을 다시 나누고픈 열망의 표현이었다. 암흑에서 벗어난 직후에 대해서도 그리스도 자신이 선지자의 영을 통해 말씀하셨다. "하나님이여, 사슴이 시냇물을 찾기에 갈급함 같이, 내 영혼이 주를 찾기에 갈급하니이다. 내 영혼이 하나님 곧 생존하시는 하나님을 갈망하나니, 내가 어느 때에 나아가서 하나님 앞에 뵈올꼬? 사람들이 종일 나더러 하는 말이 네 하나님이 어디 있느뇨 하니, 내 눈물이 주야로 내 음식이 되었도다"(시 42:1~3).

"내가 목마르다."

3. 주님은 성경을 깊이 존중하셨다

놀랍게도 구주의 생각은 성스러운 예언들을 향해 계속 나아갔다. 사실 그는 하나님의 입에서 나온 말씀대로만 사셨다. 그는 하나님의 율법을 "주야로" 묵상한 "복 있는 사람"이었다(시 1:2). 글로 기록된 말씀은 그의 사상(思想)을 형성했고, 그의 마음을 채웠으며, 그의 길을 지도했다. 성경은 아버지의 뜻을 전달하는 것이며, 항상 그의 기쁨이었다. 시험을 받을 때 기록된 말씀이 그의 방어 수단이었다. 가르칠 때 하나님의 법이 그의 권위였다. 서기관들과 바리새인들과 논쟁하시면서 항상 율법과 십계명에 호소하셨다. 그리고 지금 죽어가는 시간에 그의 생각은 진리의 말씀에 거했다.

구주의 다섯 번째 말씀의 진의를 이해하기 위해서는 그 배경을 주목해야 한다. "이후에 예수께서 모든 일이 이미 이룬 줄 아시고, **성경으로 응하게 하려 하사** 가라사대, '내가 목마르다' 하시니" (요 19:28). 이에 대한 언급이 시편 69편에 있다. 시편 69편은 그리스도의 수난을 생생하게 그려낸 메시야 시편의 하나이다. 여기에서 예언의 영은 선포했다. "저희가 쓸개를 나의 식물로 주며, 갈할 때에 초로 마시웠사오니" (21절). 이것이 아직 이루어지지 않았다. 앞 절의 예언은 이미 다 완성되었다. 그는 "깊은 수렁"에 빠졌고 (2절), "무고히" 미움을 받았으며 (4절), 훼방과 수치를 당하였고 (7절), "형제에게는 객이 되고" (8절), 조롱자들의 "말거리"가 되었으며, "취한 무리의 노래"가 되었다 (11~12절). 하나님께 근심을 부르짖었다 (17~20절). 이제 초와 쓸개를 마시도록 받는 것 외에는 남은 것이 없었고, **이를 이루기 위해 주는** 외치셨다. "내가 목마르다."

"이후에 **예수께서 모든 일이 이미 이룬 줄 아시고,** 성경으로 응하게 하려 하사 가라사대, '내가 목마르다' 하시니." 구주는 흐트러짐 하나 없이 침착하셨다! 여섯 시간 동안 십자가에 매달려 계셨고, 말할 수 없는 고통을 겪으셨지만, 그의 정신은 분명했고, 그의 기억력은 손상되지 않았다. 아주 또렷한 정신으로 하나님의 완전한 진리를 기억해 내셨다. 메시야의 예언을 전체적으로 짚어보셨다. 아직 이루어지지 않은 예언이 하나 있는 것을 생각하셨다. 어느 것 하나도 가볍게 넘기지 않으셨다. 이는 그가 신성으로 모든 환경을 초월하고 계심을 보여 준다!

　이 부분에서 우리 자신에게 적용할 점들을 간단히 살펴보자. 구
주께서 삶과 죽음에서 어떻게 성경의 권위를 따르셨는지 이야기했
다. 주님을 따르는 당신은 어떠한가? 하나님의 책이 당신에게 최후
의 판단 기준인가? 성경에서 **당신**을 향한 하나님의 생각과 뜻을 발
견하는가? 성경이 당신 발의 등인가? 다시 말해서, 빛 가운데 행하고
있는가? 하나님의 계명이 당신을 제어하는가? 진정으로 **순종**하고
있는가? 다윗처럼 말할 수 있는가? "내가 성실한 길을 택하고, 주의
규례를 내 앞에 두었나이다. 내가 주의 증거에 밀접하였사오니...내
가 내 행위를 생각하고, 주의 증거로 내 발을 돌이켰사오며, 주의
계명을 지키기에 신속히 하고 지체치 아니하였나이다" (시 119:30~31,
59~60). 구주처럼 당신도 **성경을 이루기** 위해 고심하는가? 이 글을
쓰는 나나 읽는 당신이나 모두 진심으로 기도하여 은혜를 간구하길
소망한다. "나로 주의 계명의 첩경으로 행케 하소서. 내가 이를 즐거
워함이니이다. 내 마음을 주의 증거로 향하게 하시고, 탐욕으로 향
치 말게 하소서....나의 행보를 주의 말씀에 굳게 세우시고, 아무 죄
악이 나를 주장치 못하게 하소서" (시 119:35~36, 133).

'내가 목마르다.'

4. 구주께서 아버지의 뜻에 복종하셨다

　구주가 목마르셨다. 목마르신 그분은 하늘과 땅의 모든 능력을
가지신 분임을 기억하라. 전능하신 능력을 행하시려고 했다면 필요

한 것을 손쉽게 충족하실 수 있었다. 구약에서 광야에 있는 이스라엘 백성을 해갈시키기 위해 바위를 내리쳐 물을 내신 바로 그분이 지금 자신의 갈증을 풀기 위해 똑같은 능력을 무한히 쓰실 수 있었다. 말씀으로 물을 포도주로 바꾸신 이라면 여기에서도 능력의 말씀으로 자신의 필요를 채우실 수 있었다. 그러나 그는 한번도 자신의 유익과 편리를 위해 기적을 행하신 적이 없었다. 사탄이 시험하면서 기적을 행하라고 유혹했을 때도 그는 거절하셨다. 왜 이제 와서 절박하게 필요한 것을 얻으려 하셨는가? 왜 입술이 타들어가면서 십자가에 매달려 계셨나? 하나님의 뜻이 드러난 성경 말씀에 그는 **목이 마를 것이며**, 그로 인해 마실 초를 받을 것이라고 기록되어 있기 때문이었다. 그는 이 땅에 하나님의 뜻을 이루기 위해 오셨고 그렇게 복종하셨다.

삶에서와 마찬가지로 죽음에서도 주 예수께 성경은 살아계신 하나님의 권위 있는 말씀이었다. 시험을 받으시면서도 삶의 지표였던 말씀에서 벗어나 자신의 필요를 채우기를 거절하셨다. 지금 자신의 필요를 알리신 것은 필요를 채우기 위함이 아니라 **성경으로 응하게 하려 하심**이다. 예언을 직접 성취하는 것이 아니라 하나님께서 주재하시도록 맡겨 드린다. 그러나 말씀이 이루어질 기회를 만들고자 고통을 언급하신다. 누군가 말했다. "십자가 위에서 타들어 가는 갈증을 느꼈지만, 그것 때문에 바짝 마른 입술을 움직여 말하지 않는다. '내가 목말랐을 때에 그들이 나에게 마실 초를 주었다는 말씀 때문에 타들어 간 입술을 연다'"(F. W. Grant). 항상 그러셨듯이 여기에서도 그는 하나님의 뜻에 적극적으로 순종하는 모습을 보이신다. 그는 하나님의 뜻을 이루기 위해 이 땅에 오셨다. 그저

"내가 목마르다"고 말씀하시자 초가 주어지고 예언은 이루어진다. 완벽하게 아버지의 뜻에 몰두하셨다!

다시 한 번 우리에게 주시는 교훈을 살펴보자. 이중적인 가르침이 있다. 우선, 주 예수는 갈증의 고통이라 할지라도 아버지의 뜻을 기뻐하셨다. 우리도 그렇게 아버지께 복종하는가? "나의 뜻이 아니라 아버지의 뜻이 이루어지기를" 고백하며 은혜를 구한 적이 있는가? "내 뜻이 아니더라도 당신 보시기에 좋았기 때문에"라고 외칠 수 있는가? 어떠한 형편에 처하든지 "자족하기를" (빌 4:11) **배웠는가?** 지금 대조해 보라. 하나님의 아들은 고통을 덜어 줄 시원한 물 한 모금도 거절당하셨다. 우리와 얼마나 다른가! 하나님은 우리의 고난을 덜어 주기 위해 다양한 음식물들을 주셨지만, 우리는 얼마나 자주 그 은혜를 망각하는가! 목마를 때 한 잔의 물보다 더 좋은 것을 갖고 있으면서도 감사하지 않는다. 그리스도의 이 절규를 믿음의 눈으로 바라보면 우리는 하찮게 여겼던 것들로 인해 하나님을 송축하고 일상적인 자비로 인해 만족을 얻게 될 것이다. 영광의 주님은 "내가 목마르다"라고 외치셨지만, 가장 힘든 순간에 목조차 축일 수 없으셨다. 세상의 축복과 영적인 자비를 수없이 차버리는 당신은 일상적인 섭리의 은혜를 하찮게 여기지 않았는가! 물 한 잔을 받으면서 불평하는 이는 진노의 잔을 받아 마땅하다! 이를 마음에 새기고 비록 가진 것이 살아가는 데 가장 필요한 것뿐일지라도 자족하는 법을 배우라. 누추한 집에 살고 있다 하더라도 불평하지 말라. 구주는 머리 둘 곳도 없으셨다. 먹을 것이 빵뿐이라고 불평하지 말라. 구주는 40일 동안 빵조차 없으셨다. 마실 것이 물뿐이라고 불평하지 말라. 구주는 죽음의 시간에 물조차 거절당하셨다!

"내가 목마르다."

5. 그리스도께서 고난을 당하는 자기 백성들에게 어떻게 공감하실 수 있는가 보여 준다

고난의 문제는 항상 복잡한 것이다. 왜 완전하신 하나님께서 다스리시는 세상에 고난이 필요한가? 악을 방지하실 능력이 있으실 뿐만 아니라 **사랑이신** 하나님이시다. 왜 고난과 불행과 질병과 죽음이 있어야 하는가? 세상을 보고 수많은 사람들이 고난을 받는 것을 볼 때 우리는 혼란스럽다. 이 세상은 그저 눈물의 골짜기이다. 가식적인 얄팍한 유쾌함으로는 인생의 칙칙한 현실들을 가릴 수가 없다. 고난의 문제들을 철학적으로 사색해 보았자 초라한 위안만 있을 뿐이다. 모든 이성을 총동원해서 묻는다. 하나님은 아시는가? 가장 높으신 분이 알고 계시는가? 정말로 그가 상관하시는가? 모든 질문이 그렇듯이 이 질문들도 십자가로 가지고 나가야 한다. 완벽한 답을 찾지 못한다 해도 궁금한 마음을 해결해 줄 만한 무언가를 만난다. 고난의 문제가 완전히 해결되지 못한다 하더라도 십자가는 그 고난을 덜어 주기에 충분한 빛을 던져 준다. 십자가는 하나님께서 우리의 슬픔을 모르지 않으신다고 말해 준다. 인간으로 오신 예수님을 통해 하나님은 "실로 우리의 질고를 지고 우리의 슬픔을 당하셨기" 때문이다 (사 53:4). 십자가는 하나님께서 우리의 근심과 고난을 개의치 않는 분이 아니라고 말해 준다. 하나님은 성육신하셔서 **직접 고난을 당하셨다!** 십자가는 하나님께서 고난에 무관심한 분이 아니라고 말해 준다. 구주 안에서 그는 고난을 경험하셨다!

그러므로 이러한 사실들이 지니는 가치는 무엇일까? "우리에게 있는 대제사장은 우리 연약함을 체휼하지 아니하는 자가 아니요, 모든 일에 **우리와 한결같이** 시험을 받은 자로되 죄는 없으시니라" (히 4:15, 강조 첨가). 우리의 구속자는 우리에게서 멀리 떨어져 있어서 우리의 슬픔을 공감할 수 없는 분이 아니시다. 그 자신이 "슬픔을 아는 자"이셨다. 그러므로 여기에 고난을 받는 마음을 위한 위로가 있다. 당신의 마음이 얼마나 낙심하든지, 당신의 길이 얼마나 험난하든지, 당신의 운명이 얼마나 슬프든지 간에 그 모든 것을 주 예수 앞에 풀어 놓고 모든 근심을 맡기도록 초대받는다. 그리고 "저가 너희를 권고하심이니라"는 것을 알게 된다 (벧전 5:7). 당신의 육신이 고통으로 엉망이 되었는가? 예수님도 그러셨다. 오해받고 그릇 판단되고 잘못 알려지고 있는가? 예수님도 그러셨다. 가장 가깝고 가장 친했던 사람들이 당신에게 등을 돌렸는가? 제자들도 예수님께 그랬다. 암흑 속에 있는가? 예수님도 세 시간 동안 그러셨다. "그러므로 저가 범사에 형제들과 같이 되심이 마땅하도다. 이는 하나님의 일에 자비하고 충성된 대제사장이 되어 백성의 죄를 구속하려 하심이라" (히 2:17).

"내가 목마르다."

6. 우주적인 필요를 표현한다

입으로 말하든 하지 않든 간에 전 세계의 보통 사람들은 "목마르다"라고 외친다. 왜 부를 얻고자 애타게 갈망하는가? 왜 세상의 영예와 갈채를 열망하는가? 왜 지치지도 않고 이것저것 끈질기게 쫓아다니면서 재미를 찾아 무섭게 돌진하는가? 왜 과학적인 의문들을 품고, 철학을 연구하며, 고전들을 섭렵하고, 끝없는 실험들을 하면서 지혜를 얻으려고 눈에 불을 켜고 달려드는가? 왜 신기한 것들에 미친 듯이 열광하는가? 왜 그럴까? 영혼에 **뼈아픈 공허**가 있기 때문이다. 자연스러운 인간이라면 누구나 그 내면에는 **채워지지 않는** 무엇인가가 있기 때문이다. 이것은 백만장자나 거지나 마찬가지이다. 백만장자의 부는 진정한 만족을 주지 못한다. 이것은 전 세계를 돌아본 사람이나 고향의 울타리 바깥으로 나간 적이 없는 시골뜨기나 마찬가지이다. 지구 저편 끝에서 이편 끝까지 또 다시 저편 끝까지 여행을 해도 평안의 비법을 발견하지 못한다. 이 세상이 주는 물탱크에는 지울 수 없는 진리의 글이 새겨져 있다. "이 물을 먹는 자마다 **다시 목마르려니와**" (요 4:13, 강조 첨가).

이것은 종교를 갖고 있는 남자나 여자도 마찬가지다. 여기에서 종교란 **그리스도**가 없는 종교를 말한다. 넌덜머리나게 종교 행위를 하고도 자신들의 깊은 욕구를 채울 만한 것을 찾지 못하여 헤매는 사람들이 수없이 많다! 복음주의 종파의 일원일 수도 있고, 정기적으로 교회에 출석할 수도 있다. 목회자의 생활을 위해 재물을 기부하기도 하고, 이따금 성경을 읽으며, 때때로 기도할 수도 있다. 아니면 "기도문"을 이용하여 매일 밤 기도를 **말하기도 한다.** 그러나 그들이 솔직하다면 여전히 "내가 목마르다"라고 외칠 것이다.

이 목마름은 **영적인** 갈증이다. 그렇기 때문에 무언가를 마시는 것으로 해갈할 수 없다. 그들 자신도 모르게 그들의 영혼은 "하나님을 갈망"한다 (시 42:2). 하나님께서 우리를 만드셨기에 그분만이 우리를 만족시키실 수 있다. 주 예수는 "**내가 주는** 물을 먹는 자는 영원히 목마르지 아니하리니"라고 말씀하셨다 (요 4:14, 강조 첨가). 그리스도만이 우리의 갈증을 해갈 하실 수 있다. 그만이 우리 마음의 절박한 욕구를 채우실 수 있다. 그분만이 세상이 알지 못하고 줄수도 없고 가져갈 수도 없는 평안을 나누어 주실 수 있다. 다시 한번 당신의 양심에 말하고자 한다. 당신은 어떠한가? 해 아래 모든 것이 헛되고, 영혼이 괴로울 뿐이라는 것을 깨달았는가? 이 땅의 것은 당신의 **마음**을 채울 수 없음을 발견했는가? 당신의 영혼은 "목마르다"고 외치는가? 그렇다면 당신을 **만족시킬 수 있는** 한 분이 계시다는 것이 복음이 아닌가? 교리도 어떤 종교의 형태도 아니라 바로 **한 인격**이시다. 살아계시고 신성을 가진 인격이시다. 그는 말씀하신다. "수고하고 무거운 짐 진 자들아, 다 내게로 오라. 내가 너희를 쉬게 하리라" (마 11:28). 그러므로 이 반가운 초대에 귀를 기울이라. 지금, 있는 모습 그대로 그에게 나아오라. 그가 받아 주실 것이라는 믿음으로 오라. 그리고 노래하라.

> 약하고 지치고 슬픈 내 모습 이대로
> 주님께 나아갔더니,
> 거기에 내 쉴 곳 있네.
> 그는 나의 기쁨.

그리스도께 나아오라. 지체하지 말라. 당신은 **지금** "목마르다." 그러므로 당신은 그가 찾고 있는 자이다. "의에 주리고 목마른 자는 복이 있나니, 저희가 배부를 것임이요" (마 5:6).

구원받지 못한 독자는 구주를 거절하지 말라. 죄를 회개하지 않고 죽으면 영원히 "목마르다"라고 외칠 것이다! 이것이 저주받은 자의 한탄이다. 불못에 있는 죄인들은 하나님의 진노의 불꽃으로 영원히 고통을 받는다. 그리스도께서 세 시간 동안 하나님의 진노로 고난을 받으시면서 "내가 목마르다"고 외치셨다면 그것을 영원히 견디어야 하는 이들의 상태는 더 말할 것도 없다. 수백 년이 지나도 수천 년이 더 남았다. 지옥에는 목을 축일 만한 한 방울의 물도 허락되지 않는 영원한 목마름이 있다. 부자의 무서운 말을 기억하라. "불러 가로되, '아버지 아브라함이여, 나를 긍휼히 여기사 나사로를 보내어 그 손가락 끝에 물을 찍어 내 혀를 서늘하게 하소서. **내가 이 불꽃 가운데서 고민하나이다**" (눅 16:24, 강조 첨가). 단 몇 시간 동안이라도 극한 갈증을 참기 어렵다면, 이 세상의 갈증과는 비교도 되지 않는 영원한 갈증이 결코 해갈되지 않는다는 것은 어떨까 생각해 보라! 죄를 범한 창조물을 이렇게 다룬다고 해서 하나님을 잔인하다고 말하지 말라. 죄가 사랑하는 아들에게 전가되었을 때 아들에게 내리신 것을 기억하라. 그리스도를 경멸하는 자는 지옥에서도 가장 뜨거운 곳에 있는 것이 마땅하다! 다시 한 번 말하지만, **지금 그를 당신의 그리스도로 받아들이라.** 당신의 구주로 받아들이고 당신의 주님으로 순종하라.

"내가 목마르다."

7. 변치 않는 원리를 선언한다

그리스도가 여전히 목마르시다는 것은 실제적이고 일리가 있는 말이다. 그 자신의 사랑과 헌신 때문에 목마르시다. 그는 피 값으로 산 백성들과 교제하길 갈망하신다. 이것이 은혜의 위대한 신비이다. 구속받은 죄인이 그리스도의 마음을 만족시킬 수 있는 무엇인가를 드릴 수 있다! 나는 어떻게 그의 사랑을 누려야 하는지 이해할 수 있다. 그러나 모든 것이 풍족하신 그분이 나의 사랑을 누리셔야 한다니 정말 놀랍기 그지없다. 그와 영적으로 교통하는 것이 내 영혼에 얼마나 복된 일인가 배웠다. 그러나 내가 주님과 영적으로 교통하는 것이 **그리스도께도 복된 일**이라고 누가 생각이나 할 수 있었을까! 그런데 그게 사실이다. **그래서** 그는 여전히 "목마르다." 은혜로 말미암아 우리는 주님을 시원하게 해드릴 수 있다. 놀랍기만 한 생각이다!

여행과 더위로 "곤하신" 주님께서 우물가에 앉아 계시다가 우물가에 온 여인에게 "물을 좀 달라"고 말씀하셨지만, 물은 드시지 않았다는 것을 요한복음 4장에서 발견한 적이 있는가? 사마리아 여인의 구원과 믿음에서 그는 **마음을 해갈하는 것**을 발견하셨다! 사랑은 반응이 있고 사랑으로 되돌아와야만 비로소 충족된다. 그리스도도 마찬가지이다. 요한계시록 3장 20절의 핵심이 이것이다. "볼지어다, 내가 문 밖에 서서 두드리노니, 누구든지 내 음성을 듣고 문을 열면 내가 그에게로 들어가 그로 더불어 먹고, 그는 나로 더불어 먹으리라." 이 말씀을 종종 구원받지 못한 사람들에게 적용하지만, 일차적으로 가리키는 대상은 바로 교회이다. 그리스도께서 **교제**를 원하시는 것을 그리고 있다. 성경에서 주의 만찬이 구주와 구원받은 사람들의 특별한 교제 시간이듯이, 주님께서 말씀하시는 "먹고"는 항상 교제의 상징이다. 이 구절에서 그리스도께서 **이중으로** "먹는다"라고 말씀하시는 것을 주의하여 보라. "내가 그에게로 들어가 그로 더불어 먹고, 그는 나로 더불어 먹으리라." 그와 함께 먹고 교제하고 그 안에서 기뻐하는 것이 말할 수 없는 우리의 특권일 뿐만 아니라, 그도 우리와 함께 "먹는다." 그는 우리와의 교제 속에서 그의 마음을 풍족케 하는 것, 그의 **갈증을 풀어 주는** 것을 발견하신다. 바로 우리의 헌신과 사랑이다. 하나님이신 그리스도는 여전히 "목마르시다." 자신의 사랑으로 인해 목마르시다. 그를 만족시킬 만한 것을 드리지 않겠는가? 그렇다면 그분의 부르심에 답하라. "너는 나를 마음에 인(印) 같이 품고"(아 8:6).

6

승리의 말씀

The *Word* of *Victory*

예수께서 신포도주를 받으신 후 가라사대, "다 이루었다" 하시고,

요한복음 19:30

앞의 두 장은 십자가의 비극에 초점을 맞추었다. 이제 십자가의 승리로 넘어간다. "나의 하나님, 나의 하나님, 어찌하여 나를 버리셨나이까?"라는 절규에서 우리는 구주의 **처절한 외로움**을 들었다. "내가 목마르다"라는 절규에서 구주의 **참혹한 비탄**을 들었다. 지금 우리의 귀에는 구주의 **환희**가 들린다—"다 이루었다." 희생자의 외침에서 승리자의 외침으로 돌아선다. 모든 구름의 뒤쪽은 은빛으로 빛난다는 속담이 있다. 가장 시커먼 먹구름도 역시 그랬다. 그리스도의 십자가에는 위대한 양면(兩面)이 있다. 그리스도의 끝없는 수치를 보여 주었지만, 또한 성육신의 목적을 나타냈으며, 더 나아가 예수님의 사명의 절정을 말해 주고, 우리 구원의 기반을 이룬다.

"다 이루었다." 고대 헬라어는 짧은 말에 많은 의미를 담을 수 있는 것이 자랑거리였다. "한 방울의 말에 바다 같이 방대한 내용을 담는 것"을 완벽한 수사로 여겼다. 그들이 추구하던 것이 여기 있다. "다 이루었다"는 본래 한 단어에 불과하지만, 그 말 안에는 하나님의 복음이 요약되어 있다. 그 말 안에는 믿는 자들의 확신의 근거가 담겨 있다. 그 말 안에는 모든 기쁨이 응축되어 있고 하나님의 위로의 영이 있다.

"다 이루었다." 이것은 속수무책인 순교자가 자포자기하는 외침이 아니었다. 고통이 막바지에 달했다고 만족하는 표현도 아니었다. 소진된 생명의 마지막 헐떡거림도 아니었다. 구속자의 입장에서 하늘에서 이 땅에 온 모든 목적을 지금 다 이루었다는, 하나님의 온전한 성품이 드러나야 될 필요를 지금 다 만족시켰다는, 죄인이 구원받기 위해 율법이 요구하는 것을 지금 다 충족시켰다는, 우리의 구속을 위한 모든 값을 지금 다 지불했다는 선언이었다.

"다 이루었다." 인간사에서 하나님의 위대한 목적이 지금 성취되었다. 앞으로 **사실상** 나타날 것이기 때문에 **합법적으로** 성취되었다. 태초부터 하나님의 계획은 항상 하나였고 나누어질 수 없었다. 이것은 다양한 방법으로 인간에게 선포되었다: 상징과 모형으로, 신비한 시사와 명백한 암시로, 메시야 예언과 교훈적인 선포를 통해서 등. 하나님의 목적은 이렇게 요약할 수 있다: 그의 형상과 영광으로 자녀들을 창조하여 그의 은혜를 나타내고 그의 아들을 찬미하는 것. 십자가에서 형성된 기반은 그 목적을 실현 가능하고 실제적으로 만들었다.

"다 이루었다." **무엇이** 이루어졌는가? 수많은 뛰어난 주석가들이 이 말씀의 범위를 제한하고 단 하나의 적용에만 끼워 맞추려고 했지만, 무엇을 이루었는가라는 질문에 대한 대답은 매우 포괄적이다. 구주의 고난이 종결되었음을 말하는 예언들이 있고, 주님은 오직 그 예언들만을 염두에 두셨다는 말들을 많이 한다. 일차적인 대상은 메시야 예언에 국한되어 한다고 손쉽게 결론 내릴 수도 있지만, 주님의 말씀을 그렇게만 단정지어서는 안 되는 타당하고도 충분한 이유가 있다. 그의 고난과 수치를 언급한 성경 말씀 모두가 성취된 것은 아직 아니기 때문에 그리스도께서 특별히 대속 사역을 언급하신 게 분명하다. 아버지의 손에 그의 영혼을 맡기는 것이 아직 남아 있다 (시 31:5). 창으로 "찔리는" 것이 아직 남아 있다 (슥 12:10, 시편 22편 16절에서 손과 발을 찔렀다라고 말할 때 사용한 단어가 십자가 처형을 나타낼 때 사용한 단어와 다르다는 것을 주목하라). 다리를 부러뜨리지 않은 것이 아직 남아 있다 (시 34:20). 그리고 부자의 무덤에 묻히는 것이 남아 있다 (사 53:9).

"다 이루었다." 무엇이 이루어졌는가? 대답은 그의 대속 사역이다. 아직 대속을 완성하는 필수조건인 죽음 그 자체가 남아 있는 것은 사실이다. 그러나 요한복음에서 자주 볼 수 있듯이 (요 12:23, 31; 13:31; 16:5; 17:4 참조), 미리 주님은 자신의 사명이 완수되었음을 말씀하신다. 게다가 암흑의 세 시간은 이미 지나갔고, 두려운 잔은 이미 비워졌으며, 그의 귀중한 피는 이미 흘렀고, 쏟아진 하나님의 진노도 이미 견디어 냈다. 이것들이 속죄를 이루는 주요 요소들이다. 그러므로 구주의 대속 사역은 곧 이어질 죽음만 제외하고는 모두 완성되었다. 그러나 대속 사역의 완성은 수많은 일들에 종지부를 찍었다. 이제 그 일들을 살펴보겠다.

"다 이루었다."

1. 죽기 전에 그에 대해 기록된 모든 예언들을 성취하셨다

이것은 본문에 드러난 그대로이다. "예수께서 신포도주를 받으신 후 가라사대, '다 이루었다' 하시고" (19:30). 몇 세기 전에 하나님의 예언자들은 장차 오실 구주께서 당하실 수치와 고난을 순서대로 묘사했었다. 이것들은 하나씩 이루어졌고, 놀랍게 이루어졌고, 문자 그대로 이루어졌다.

예언은 그가 **여자**의 후손이 될 것이라고 선포하였는가? (창 3:15) 그래서 그는 "여자에게서 나게" **되었다** (갈 4:4). 예언은 그의 어머니가 "처녀"일 것이라고 공표하였는가? (사 7:14) 문자 그대로 이루어졌다 (마 1:18). 예언은 그가 아브라함의 후손일 것이라고 밝혔는가? (창 22:18) 예언의 성취를 확인하라 (마 1:1). 예언은 그가 다윗의 자손일 것이라고 알렸는가? (삼하 7:12~13) 실제로 그랬다 (롬 1:3). 예언은 그가 태어나기 전에 이미 이름이 있을 것이라고 말했는가? (사 29:1) 그런 일이 일어났다 (눅 1:31). 예언은 그가 유대 베들레헴에서 태어날 것이라고 예견했는가? (미 5:2) 바로 그 마을이 실제로 그가 탄생한 곳이었음을 보라. 예언은 그의 탄생으로 인해 다른 사람들이 슬퍼하게 된다고 경고했는가? (렘 31:15) 이 비극이 이루어졌음을 눈으로 보라 (마 2:16~18). 예언은 메시야가 지파 지배권의 홀이 유다를 떠나기 전에 나타날 것이라고 미리 보여 주었는가? (창 49:10) 열 지파는 멸망했지만, 유다는 여전히 예수님께서 세상에 오셨을 때에 그 땅에 있었기 때문에 그는 홀이 유다를 떠나기 전에 오셨다. 예언은 애굽으로 피난할 것과 다시 유대 땅으로 돌아오게 될 것을 언급하였는가? (호 11:1; 사 49:3, 6 참조) 이것도 실제로 일어났다 (마 2:14~15).

예언은 그리스도께서 오시기 전에 그의 길을 예비하러 한 사람이 나온다고 말했는가? (말 3:1) 그렇다면 세례 요한을 통해 성취되었음을 보라. 예언은 예수께서 나타나시면 "그 때에 소경의 눈이 밝을 것이며, 귀머거리의 귀가 열릴 것이며, 그 때에 저는 자는 사슴 같이 뛸 것이며, 벙어리의 혀는 노래하리니, 이는 광야에서 물이 솟겠고, 사막에서 시내가 흐를 것임이라"고 알렸는가? (사 35:5~6) 그렇다면 사복음서를 통독하고 복된 이 일이 실제로 입증되었음을 보라. 예언은 그를 "가난하고 궁핍"하다고 말했는가? (시 40:17—이 시편의 시작 부분을 보라.) 그렇다면 그가 머리 둘 곳도 없었음을 보라. 예언은 그가 비유로 이야기할 것이라고 암시했는가? (시 78:2) 비유는 그가 자주 가르치는 방법이었다. 예언은 그가 풍랑을 잠재울 것이라고 묘사했는가? (시 107:29) 바로 그 일을 주님께서 행하셨다. 예언은 그가 예루살렘에 환영을 받으며 입성할 것이라고 예고하였는가? (슥 9:9) 그 일이 실제로 일어났다.

예언은 그의 인격이 멸시받고 (사 53:3), 유대인들에게 거절당하고 (사 8:14), "무고히" 미움을 받을 것(시 69:4)이라고 공표했는가? 슬프게도 정확하게 사실이었다. 예언은 그가 한없이 낮아지고 십자가 처형을 당하는 그림을 묘사했는가? 생생하게 재현되었다. 가까운 친구에게 배신당했고, 사랑하던 제자들에게 버림을 받았으며, 도살자에게 이끌려갔고, 재판장에 끌려갔다. 거짓 증거들이 나타났고, 그는 변호를 거절했으며, 무죄임을 증명하셨고, 부당한 유죄 선고를 받았으며, 사형 선고가 내려졌다. 말 그대로 정확하게 손과 발을 찔렸으며, 범죄자의 하나로 헤아림을 받았고, 군중들에게 조롱당했다. 군병들은 그의 옷을 가지고 제비를 뽑았다. 수세기 전에 있었던 이 모든 예언들이 문자 그대로 이루어졌다. 아버지의 손에 영혼을 맡기기 전에 남아 있던 마지막 예언이 지금 이루어졌다. "내가 목마르다"라고 외치셨다. 그리고 신포도주를 머금은 해융을 받으시고 나니, **모든 것이 이제 "이루어졌다."** 주 예수께서는 예언의 말씀을 전체적으로 점검하시고 **온전히 실현된** 것을 보셨을 때 외치셨다. "다 이루었다!"

구주의 초림과 관련된 예언이 완벽하게 있었듯이 예수님의 재림과 관련된 예언이 완벽하게 있다. 재림의 예언은 초림의 예언처럼 명확하고 직접적이며 포괄적이다. 그러므로 우리는 예수님의 초림과 관련된 예언들이 실제로 이루어진 것에서 보았듯이 재림과 관련한 예언들이 이루어질 것을 확신과 신뢰를 가지고 기대할 수 있다.

초림의 예언들이 문자 그대로, 실제로, 친히 오셔서 이루어졌듯이, 재림의 예언도 그럴 것이라고 기대해야 한다. 초림의 예언들이 문자 그대로 이루어진 것을 인정하면서, 재림의 예언들은 영적인 의미로 해석하고 상징화하는 것은 엄청난 모순이자 비논리일 뿐만 아니라 우리에게 매우 해로운 것이며, 하나님과 그의 말씀에 대한 심한 모욕이다.

"다 이루었다."

2. 예수님의 고난이 완성되었다

그러나 어떤 말이나 글로 구주의 고난을 말할 수 있을까? 말할 수 없는 고난, 육체적, 정신적 영적 고난을 그는 감당하셨다! 그를 "질고를 아는 자"라고 부른 것은 참으로 맞는 말이다. 사람의 손에, 사탄의 손에, 하나님의 손에 고난을 당하셨다. 적뿐만 아니라 친구로 인해 아픔을 당하셨다. 시작부터 그는 그의 길을 가로질러 던져진 십자가의 그늘 아래로 걸어가셨다. 그의 한탄을 들어보라. "내가 **소시부터** 곤란을 당하여 죽게 되었사오며" (시 88:15, 강조 첨가). 이 말은 그의 삶을 조명(照明)한다! 이 말 속에 얼마나 많은 것이 담겨져 있는지 아무도 모를 것이다. 우리의 미래는 뚫을 수 없는 천이 가로막고 있어서 아무도 어떻게 될지 알지 못한다. 그러나 구주는 처음부터 종말을 알고 있었다.

복음서를 통독해 보면 그 끔찍한 십자가가 어떻게 항상 그를 따라다녔는지 알 수 있다. 가나의 혼인 잔치에서 모두들 기쁘고 흥겨워하는데 그는 "그의 때"가 아직 오지 않았다고 엄숙하게 말씀하신다. 니고데모가 밤에 찾아와 이야기할 때 구주는 "인자가 들려지는 것"에 대해 말씀하셨다. 야고보와 요한이 장차 도래할 나라에서 영광스러운 자리를 달라고 예수님께 요청하러 왔을 때, 그는 마셔야 할 "잔"과 받아야 할 "세례"에 대해 말씀하셨다. 베드로가 주는 그리스도시요 살아계신 하나님의 아들이라고 고백했을 때, "이때부터 예수 그리스도께서 자기가 예루살렘에 올라가 장로들과 대제사장들과 서기관들에게 많은 고난을 받고, 죽임을 당하고, 제 삼일에 살아나야 할 것을" (마 16:21) 제자들에게 가르치셨다. 모세와 엘리야가 변화산에서 예수님과 함께 선 것은 "예수께서 예루살렘에서 별세하실 것을" 말해 주었다 (눅 9:31).

그리스도께서 십자가를 미리 **예견하셔서** 받으신 고난을 짐작조차 할 수 없는 것이 사실이라면, 십자가의 끔찍한 현실을 이해할 수 없는 것은 너무나도 당연하다. 육체의 고통은 대단히 컸다. 그러나 영혼의 고난에 비교하면 아무 것도 아니었다. 영혼의 고난에 대해서는 이미 앞장에서 여러 단락을 할애하여 고찰해 보았지만, 다시 생각해 보는 것이 당연하다. 구원을 주시기 위해 구주가 감당하신 고난은 아무리 자주 생각해도 결코 지나칠 수 없다. 그의 고난을 더 잘 알고 더 자주 묵상할수록 우리의 사랑은 더욱 따뜻해지고 우리의 감사는 더욱 깊어질 것이다.

마침내 종말의 시간이 왔다. 겟세마네 동산에서 힘든 일을 겪으셨고, 이어서 가야바 앞에, 빌라도 앞에, 헤롯 앞에 또 다시 빌라도 앞에 서야 하셨다. 야만적인 군병들의 채찍질과 조롱을 받으셨고, 갈보리로 걸어가셨으며, 끔찍한 나무에 두 손과 두 발이 묶이셨다. 대제사장들, 군중들, 그와 함께 십자가에 달린 두 강도들이 비아냥거렸다. 천박한 폭도들은 냉담한 무관심으로 일관하며 아무런 동정도 위로의 말도 내비치지 않았다 (시 69:20). 끔찍한 구름이 아버지의 얼굴을 가려버리자 통렬한 울부짖음이 터져 나왔다. "나의 하나님, 나의 하나님, 어찌하여 나를 버리셨나이까?" 말라버린 입술에선 탄식이 흘러나왔다. "내가 목마르다." 뱀이 그의 발꿈치를 "상하게" 했을 때 어둠의 세력과 무시무시한 충돌이 일어났다. 고난을 받는 자가 묻는 것이 당연했다. "무릇 지나가는 자여, 너희에게는 관계가 없는가? 내게 임한 근심 같은 근심이 있는가? 볼지어다, 여호와께서 진노하신 날에 나를 괴롭게 하신 것이로다" (애 1:12, 강조 첨가).

그러나 지금 고난은 끝났다. 그의 거룩한 영혼을 움츠리게 한 것이 끝났다. 하나님께서 예수님을 상하게 하셨다. 사람과 사탄은 최악의 일을 저질렀다. 잔은 비워졌다. 하나님의 무시무시한 진노의 폭풍은 소멸되었다. 어둠은 사라졌다. 하나님의 정의의 칼은 칼집에 꽂혔다. 죄의 대가는 지불되었다. 고난의 예언들은 모두 이루어졌다. 예수님은 십자가를 "지셨다." 하나님의 거룩함은 온전히 충족되었다. 구주는 승리의 말씀, **크고 웅장한 말씀**, 온 우주에 울리는 말씀을 외치셨다—"다 이루었다." 모욕과 수치, 고통과 고난은 지나갔다. 다시는 고난을 겪지 않으실 것이다. 다시는 자신을 대적하는 죄인들의 모독을 참지 않으실 것이다. 다시는 사탄의 손에 놓이지 않으실 것이다. 다시는 하나님의 얼굴 광채가 그에게서 숨겨지지 않을 것이다. 하나님을 송축하라, 이 모든 것이 이루어졌다!

한때 가시면류관을 쓰신 머리에는 영광이 둘려 있다.
왕관이 전능하신 승리자의 이마에서 빛난다.
하늘 가장 높은 곳에 좌정하신 그는 다스리는 권세를 가지셨으며,
왕의 왕, 주의 주, 천국의 영원한 빛이시다.
그는 자신의 사랑을 보이시고 이름을 알게 하신
하늘에 거하는 모든 이들에게 기쁨이요,
땅에 사는 모든 이들에게 기쁨이다.

"다 이루었다."

3. 성육신의 목적이 이루어졌다

성부, 성자, 성령을 각각 구분하는 것이 항상 쉬운 일은 아니듯이, 성부, 성자, 성령의 일을 각각 구분하는 것도 항상 쉬운 것은

아니다. 그렇지만 성경은 각기 고유한 일이 있다고 말한다. 성부 하나님은 특별히 세상을 다스리는 일에 관여하신다. 그는 만드신 모든 것을 통치하신다. 성자 하나님은 특별히 구속(救贖)의 일에 관여하신다. 그는 이 세상에 오셔서 죄인들을 위해 죽으셨다. 성령 하나님은 특별히 성경과 관련이 있다. 구약 시대에는 거룩한 사람들에게 감동을 주셔서 하나님의 메시지를 말하게 하셨고, 지금은 영적인 지혜와 깨달음을 주어 진리로 인도하신다. 여기에서 우리가 특별히 주목하는 것은 성자 하나님의 일이다.

주 예수께서 이 세상에 오시기 전에 이미 확정된 일이 그에게 맡겨졌다. 성경은 그에 대하여 기록했고, 그는 기록된 하나님의 뜻을 행하려고 오셨다. 열두 살 소년이었을 때도 "아버지의 일"이 그의 마음에 있었고 온 관심을 차지했었다. 또한 요한복음 5장 36절에서 예수님은 "내게는 요한의 증거보다 더 큰 증거가 있으니, 아버지께서 내게 주사 이루게 하시는 그 역사 (강조 첨가)"라고 말씀하셨다. 돌아가시기 전날 밤에 주님께서는 놀라운 대제사장의 기도로 말씀하셨다. "아버지께서 내게 하라고 주신 일을 내가 이루어 아버지를 이 세상에서 영화롭게 하였사오니" (요 17:4, 강조 첨가).

앤더슨 베리 박사는 자신의 저서 『그리스도의 가상칠언』에서 그리스도께서 이루신 일의 의미와 영광을 보여 주는 실례(實例)를 역사 속에서 놀라운 내조를 통해 보여 준다. 사회의 우상이자 유럽 사교계의 지도자인 영국의 여왕 엘리자베스(Elizabeth)는 임종의 침상에서 시중드는 내관에게 이렇게 말했다. "이럴 수가! 다 끝나버렸어. 인생의 마지막이 왔다. 마지막 말이야. 단 한번의 삶을 살고 그것으로 끝나버리는 것이다! 살며 사랑하고 승리한 것이 이제 와

보니 다 끝이구나. 다른 모든 것은 감히 도전할 수 있을지 몰라도 이것만은 아니야." 내관이 보는 가운데 잠시 후 근엄한 표정으로 신하들을 무릎 꿇게 하던 얼굴은 생명 없는 육체의 가면이 되었고, 내관의 근심 어린 표정은 공허한 눈빛으로 돌아왔다. 이것이 세상의 절반이 부러워한 화려한 인생의 종말이었다. 그녀는 어떤 것도 "이루었다"고 말할 수 없었다. 그녀에게 남은 것은 "공허와 영혼의 고통"뿐이기 때문이었다. 구주의 결말과는 참으로 판이하게 다르다! "아버지께서 내게 하라고 주신 일을 내가 이루어 아버지를 이 세상에서 영화롭게 하였사오니."

하나님께서 아들을 세상에 보내시면서 주신 사명이 지금 완수되었다. 마지막 숨을 거두기까지 실제로 끝난 것은 아니지만 죽음이 목전에 있었다. 죽음을 바라보면서 그는 외치셨다. "다 이루었다." 어려운 일이 완성되었다. 하나님께서 주신 일이 실행되었다. 사람이나 천사에게 맡겨진 그 어떤 일보다 영광스럽고 중대한 일이 완료되었다. 하늘의 영광을 두고 오신 목적과 종의 형체로 보내심을 받은 목적과 33년 동안 세상에 계신 목적이 지금 이루어졌다. 더할 것이 없었다. 성육신의 목적은 달성되었다. 자신에게 맡겨진 값비싼 대가를 요구하는 고된 일이 지금 완벽하게 마무리되는 것을 그는 기쁨과 승리의 감격으로 바라보셨다!

"다 이루었다." 하나님께서 그의 아들을 세상에 보내신 사명이 성취되었다. 영원히 목적했던 바가 실제로 일어났다. 하나님의 계획이 온전히 실행되었다. 구주를 "법 없는 자들의 손을 빌어...못박아 죽였으나" 또한 "그가 하나님의 정하신 뜻과 미리 아신 대로 내어 준 바" (행 2:23) 된 것이 사실이다. 세상의 왕들이 일어섰고 통치자들이 하나님과 그리스도를 대적하여 함께 모였으나, 이것은 단지 하나님의 손과 하나님의 계획이 "예정하신 그것을 행하려고" (행 4:28) 함이었다. 지극히 높으신 자이기 때문에 하나님의 비밀은 훼방을 받을 수 없다. 최고의 신이시기 때문에 하나님의 계획은 실행되어야 한다. 전능자이시기 때문에 하나님의 목적은 엎어질 수 없다. 주 하나님께서 원하시는 것을 거부하고 버틸 수는 없다고 성경은 되풀이해서 주장한다. 일반적으로 이 진리에 대하여 회의적이기 때문에 이를 입증하는 말씀 일곱 구절을 살펴보겠다. "그는 뜻이 일정하시니 누가 능히 돌이킬까? 그 마음에 하고자 하시는 것이면 그것을 행하시나니" (욥 23:13, 강조 첨가). "주께서는 무소불능하시오며, 무슨 경영이든지 못 이루실 것이 없는 줄 아오니" (욥 42:2, 강조 첨가). "오직 우리 하나님은 하늘에 계셔서 원하시는 모든 것을 행하셨나이다" (시 115:3, 강조 첨가). "지혜로도, 명철로도, 모략으로도 여호와를 당치 못하느니라" (잠 21:30). "만군의 여호와께서 경영하셨은즉 누가 능히 그것을 폐하며, 그 손을 펴셨은즉 누가 능히 그것을 돌이키랴?" (사 14:27) "너희는 옛적 일을 기억하라. 나는 하나님이라. 나 외에 다른 이가 없느니라. 나는 하나님이라. 나 같은 이가 없느니라. 내가 종말을 처음부터 고하며, 아직 이루지 아니한 일을 옛적부터 보이고, 이르기를 나의 모략이 설 것이니, 내가 나의 모든 기뻐하는 것을 이루리라 하였노라" (사 46:9-10). "땅의 모든 거민을 없는 것 같이 여기시며, 하늘의 군사에게든지 땅의 거민에게든지 그는 자기 뜻대로 행하시나니, 누가 그의 손을 금하든지 혹시 이르기를 네가 무엇을 하느냐 할 자가 없도다" (단 4:35, 강조 첨가). 구주의 승리의 외침, "다 이루었다"에서 우리는 하나님의 계획이 궁극적으로 실행되는 것은 **완벽하고 불가항력적**이라는 예언과 약속을 듣게 된다. 마지막 때에 모든 것이 다 끝나고, 하나님의 계획이 온전히 완성되며, 모든 일이 하나님께서 계획하신 대로 실행되었을 때, 또 한번 듣게 될 것이다. "다 이루었다."

"다 이루었다."

4. 속죄의 완성을 말한다

앞에서 그리스도께서 성육신의 목적을 이루신 것과 세상에 오신 사명을 완수하신 것을 이야기했다. 그 목적과 사명이 무엇인지는 성경이 명확하게 밝혔다. 인자는 "잃어버린 자를 찾아 구원하러" (눅 19:10) 이 땅에 오셨다. 그리스도 예수는 "죄인을 구원하시려고" (딤전 1:15) 이 세상에 오셨다. 하나님은 그의 아들을 여자에게서 나게 하시고 "율법 아래 있는 자들을 속량하시려고" 보내셨다 (갈 4:5). 그는 "우리 죄를 없이 하려고" 나타나셨다 (요일 3:5). 이 모든 것 때문에 십자가가 필요했다. 그가 구하려고 오신 "잃어버린 자들"은 죽음의 자리에서, 하나님의 형벌 아래에서 찾을 수 있었다. 죄인들은 누군가 그들을 대신하여 그들의 죄악을 져야만 "구원받을" 수 있었다. 율법 아래 있었던 자들은 다른 누군가가 그 요건을 만족시키고 그 형벌을 받아야만 "구속될" 수 있었다. 우리의 죄는 그리스도의 귀중한 피로 감춰질 때만 "제거될" 수 있었다. 의의 요건은 **구비되어야** 한다. 하나님의 거룩한 요구는 **충족되어야** 한다. 우리가 진 산더미 같은 빚은 **지불되어야** 한다. 십자가에서 이 모든 것이 이루어졌다.

다름 아닌 하나님의 아들이 단 한번으로 완벽하게 모든 이를 위하여 이루셨다.

"다 이루었다." 그토록 수많은 모형들이 고대해 왔던 일, 성막과 예배 의식을 통해 그토록 많이 예시되었던 일, 그토록 수많은 하나님의 예언자들이 말해 왔던 일이 지금 완성되었다. 하나님께서 인류의 조상에게 입히셨던 짐승의 가죽옷이 상징하는 죄와 수치의 가리움이 지금 이루어졌다. 아벨의 양의 제사가 상징하는 더 나은 제사가 지금 드려졌다. 노아의 방주가 상징하는 하나님의 심판의 비를 피하는 피난처가 지금 갖추어졌다. 이삭을 드린 아브라함의 제사가 상징하는 하나님의 독생자이자 사랑하는 아들이 이미 제단 위에 올려졌다. 유월절 양의 흘린 피가 상징하는 복수하는 천사로부터의 보호가 지금 이루어졌다. 장대에 매달린 구리뱀이 상징하는 뱀에게 물린 상처의 치유책이 지금 죄인들에게 준비되었다. 모세가 바위를 내려친 것이 상징하는 생명의 근원이 이제 만들어졌다.

"다 이루었다." 이 말에 해당되는 헬라어 텔레오(teleo)는 신약에서 다양하게 번역되었다. 다른 말씀에서 다르게 번역된 것들을 살펴보면 구주가 사용하신 이 말의 온전함과 궁극성을 깨달을 수 있다. 마태복음 11장 1절에서 텔레오는 다음과 같이 번역된다. "예수께서 열두 제자에게 명하시기를 마치시고, 이에 저희 여러 동네에서 가르치시며, 전도하시려고 거기를 떠나가시니라." 마태복음 17장 24절에서는 이렇게 번역된다. "가버나움에 이르니, 반 세겔 받는 자들이 베드로에게 나아와 가로되, '너의 선생이 반 세겔을 내지 아니하느냐?" 누가복음 2장 39절에는 이렇게 번역된다. "주의 율법을 좇아 모든 일을 필하고 갈릴리로 돌아가 본 동네 나사렛에 이르니라."

누가복음 18장 31절에는 이렇게 번역된다. "우리가 예루살렘으로 올라가노니, 선지자들로 기록된 모든 것이 인자에게 응하리라." 이 것들을 조합해 보면, 구주께서 십자가 위에서 하신 여섯 번째 말씀의 범위를 알게 된다. "다 이루었다." 그는 "끝났다," "지불되었다," "이행되었다," "성취되었다"라고 외치셨다. 무엇이 "끝났는가?" 우리의 죄와 그로 인한 죄책감이다. 무엇이 "지불되었는가?" 우리의 구속의 값이다. 무엇이 "이행되었는가?" 율법의 최고 요건이다. 무엇이 "성취되었는가?" 아버지께서 그에게 이루라고 주신 일이다. 무엇이 "이루어졌는가?" 대속이다.

하나님은 그리스도가 맡겨진 사명을 **이루었다**는 **증거**를 최소한 네 가지는 보여 주셨다. 첫째, 휘장이 갈라진 것은 하나님께 가는 길이 열렸음을 보여 주었다. 둘째, 그리스도가 죽음에서 일어나신 것은 하나님께서 그의 제사를 받으셨음을 증명했다. 셋째, 그리스도를 하나님의 오른편에 높이심은 그리스도가 하신 일이 얼마나 값진 일인지 드러내고 주 예수를 향한 아버지의 기쁨을 입증했다. 넷째, 성령을 이 땅에 보내심으로 그리스도의 대속의 죽음으로 인한 능력과 유익을 사용하신다.

"다 이루었다." 무엇이 "이루어졌는가?" 대속이다. 우리에게 대속의 가치는 무엇인가? 죄인들에게 대속은 기쁜 소식이다. 거룩하신 하나님께서 요구하시는 모든 것이 이루어졌다. 죄인들이 더 해야할 것은 없다. 우리 구원의 값으로 우리가 더 해야 될 일은 없다. 죄인들에게 필요한 것은 오직 그리스도께서 행하셨던 일을 믿음으로 의지하는 것뿐이다. "하나님의 은사는 그리스도 예수 우리 주 안에 있는 영생이니라"(롬 6:23). 믿는 자들은 그리스도께서 대속의 사명을 이루셨다는 것을 알게 되면 자신들의 섬김이 부족하고 불완전해도 기분 좋은 위로를 얻게 된다. 우리가 하는 일에는 "이룰 것"이 없다. 우리의 모든 의무는 불완전하다. 우리가 아무리 발버둥쳐도 죄와 허무가 있지만, 우리가 그리스도 안에서 **"충만하여"** (골 2:10, 강조 첨가) 있다는 것이 큰 위로이다! 그리스도와 그가 이루신 일은 우리의 모든 소망의 근원이다.

> 내가 살지 않았던 생명에,
> 내가 죽지 않았던 죽음에,
> 다른 이의 죽음, 다른 이의 생명,
> 내 영혼을 영원히 던졌다.
> 심판의 그 날에 담대히 서리라.
> 누가 나를 송사할 수 있는가?
> 그리스도로 말미암아 나는 온전히 해방되었다,
> 죄의 끔찍한 저주와 비난에서.
>
> "다 이루었다."

5. 죄는 끝났다

믿는 자들의 모든 죄는 구주에게 전가되었다. 성경은 "여호와께서는 우리 무리의 죄악을 <u>그에게 담당시키셨도다</u>"라고 말씀하신다 (사 53:6, 강조 첨가). 하나님께서 그리스도에게 우리의 죄를 지게 하셨다면 우리에게 더 이상 죄는 없다. 죄는 내 안에 있다. 아담의 본성이 믿는 자 안에 죽을 때까지 혹은 죽기 전에 그리스도께서 오신다면 그리스도의 재림 때까지 남아 있기 때문이다. 그러나 나에게는 죄가 없다. 죄가 내 **안에** 있는 것과 나에게 있는 것을 구분하는 것은 중요한데, 이것을 이해하는 것은 하나도 어렵지 않을 것이다. 재판관이 죄인에게 선고를 내려서 지금 사형 선고 **아래** 있다고 말한다면, 누구나 이 말의 의미를 이해할 것이다. 마찬가지로 그리스도로부터 떨어져 있는 모든 사람들은 하나님의 유죄 판결이 **그들**에게 내려져 있다. 그러나 어떤 죄인이 주 예수를 믿어 그를 주님으로 영접한다면 그는 더 이상 "유죄 판결" 아래에 있지 않다. 죄는 더 이상 **그에게** 없다. 말하자면 죄의 **죄책감, 유죄 판결, 형벌은** 더 이상 그에게 없다. 그 이유는 무엇일까? 그리스도께서 친히 나무에 달려 그 몸으로 우리 죄를 담당하셨기 때문이다 (벧전 2:24). 우리 죄의 죄책감, 유죄 판결, 형벌은 **우리의 대속자에게 옮겨졌다**. 우리의 죄는 그리스도에게로 옮겨졌기 때문에 더 이상 우리에게는 죄가 없다.

이 귀중한 진리가 구약 시대 이스라엘의 대속죄일을 통해 훌륭하게 설명되고 있다. 그 날이 되면 (그리스도의 모형인) 대제사장 아론이 지난 해에 이스라엘이 지은 죄로 인해 하나님께 제사를 드렸다. 이 제사의 방법이 레위기 16장에 묘사되어 있다. 염소 두 마리를 취하여 회막문 여호와 앞에 두었다. 여기까지는 그들에게 아무 일도 없었다. 이는 이 세상에 오셔서 죄인들의 구주가 되시려고 제물이 되신 그리스도께서 하나님 앞에 나타나는 것을 상징한다. 그리고 나서 염소 중에 하나는 잡아서 **죽이고**, 그 피를 장막 안에 가지고 들어가서 속죄소 위와 속죄소 앞에 뿌렸다. 이는 그리스도께서 자신을 **하나님**께 희생제물로 드려서 하나님의 의를 만족시키고 하나님의 거룩하심을 충족하는 것을 예시한다. 그리고 나서 아론은 회막에서 나와 두 번째 산 염소의 머리에 두 손을 얹고 안수했다. 이것은 아론을 민족 전체의 대표자로 내세워 **동일시** 행위를 상징했다. 백성들을 염소와 동일시했다. **염소**가 **백성들**의 죄로 인해 형벌을 받게 될 운명이라는 것을 인정했다. 오늘날에는 예수 그리스도를 붙드는 믿음의 손에 해당한다. 우리 자신을 죽으신 그리스도와 동일시하는 것이다. 살아 있는 염소의 머리 위에 손을 얹고 아론은 **죄를 고백**했다. "이스라엘 자손의 모든 불의와 그 범한 모든 죄를 고하고 **그 죄를** 염소의 머리에 두어" (레 16:21, 강조 첨가). 그리하여 이스라엘의 모든 죄는 대속물에게 **옮겨졌다.** 그리고 마침내 "염소가 그들의 모든 불의를 **지고** 무인지경에 이르거든, 그는 그 염소를 광야에 놓을지니라" (레 16:22, 강조 첨가). 이스라엘의 죄를 진 염소는 아무도 살지 않는 광야로 끌려나가고 하나님의 백성들은 염소와 그들의 죄를 더 이상 보지 **못했다!** 상징적으로 이 염소는 우리의 죄를 지고 하나님이 **계시지 않았던** 황량한 땅으로 끌려가신 그리스도였고, 그 땅에서 죄는 끝나 버렸다. 그러므로 그리스도의 십자가는 우리 죄악의 **무덤**이다!

"다 이루었다."

6. 율법의 요구가 충족되었다

"율법도 거룩하며, 계명도 거룩하며, 의로우며, 선하도다" (롬 7:12). 여호와께서 직접 만드시고 주신 것인데, 어찌 율법이 하찮을 수 있을까! 잘못은 율법이 아니라 타락하고 죄로 가득하여 율법을 지킬 수 없었던 인간에게 있었다. 그러나 그 율법은 사람들이 반드시 지켜서 존중받고 높아지며 율법을 주신 이의 명예가 회복되어야 한다. 그러므로 "율법이 육신으로 말미암아 연약하여 할 수 없는 그것을 하나님은 하시나니, 곧 죄를 인하여 자기 아들을 죄 있는 육신의 모양으로 보내어 육신에 죄를 정하사, 육신을 좇지 않고 그 영을 좇아 행하는 우리에게 율법의 요구를 이루어지게 하려 하심이니라"고 성경은 말한다 (롬 8:3~4). 여기에서 "연약함"이란 타락한 인간의 연약성이다. 죄 있는 육신의 모양으로 하나님의 아들을 보내신 것은 성육신을 말한다. 성경은 또 이렇게 말하고 있다. "하나님이 그 아들을 보내사 여자에게서 나게 하시고, 율법 아래 나게 하신 것은 율법 아래 있는 자들을 속량하시려고" (갈 4:4~5). 그렇다. 구주는 "율법 아래에서," 생각과 말과 행동에서 율법을 준수하기 위해 율법 아래에서 태어나셨다. "내가 율법이나 선지자나 폐하러 온 줄로 생각지 말라. 폐하러 온 것이 아니요 완전케 하려 함이로라" (마 5:17). 이것이 주님의 주장이었다.

그러나 구주는 율법의 계율만 **지키신** 것이 아니었다. 율법의 형벌로 고통당하시고 그 저주를 감당하셨다. 율법을 어긴 우리를 대신하여 그가 의의 선고를 받으셨다. 율법의 형벌을 받고 저주를 감내하셔서 율법의 요구는 온전하게 충족되었고 의는 만족되었다. 그러므로 믿는 자들은 이렇게 기록한다. "**그리스도**께서 우리를 위하여 저주를 받은 바 되사 율법의 저주에서 우리를 속량하셨으니" (갈 3:13). 또한 "그리스도는 모든 믿는 자에게 의를 이루기 위하여 율법의 마침이 되시니라" (롬 10:4). 또한 "이는 너희가 법 아래 있지 아니하고 은혜 아래 있으니"(롬 6:14).

> 율법에서 자유하게 되었으니 이 얼마나 행복한가!
> 예수께서 피를 흘리시므로 죄 사함이 있다.
> 율법으로 저주받고 타락으로 죽었으나,
> 은혜는 우리 모두를 단번에 구속했다.

"다 이루었다."

7. 사탄의 능력이 무너졌다

믿음으로 십자가를 보라. 십자가는 사탄의 능력이 멸망했음을 알리는 종소리를 울렸다. 인간이 겉으로 보기에는 사탄이 가장 크게 승리한 순간 같아 보였으나, 실제로는 사탄이 궁극적으로 패배한 시간이었다. 십자가의 관점에서 (본문을 보라) 구주는 선포하셨다. "이제 이 세상의 심판이 이르렀으니, 이 세상 임금이 쫓겨나리라" (요 12:31). 사탄이 아직 쇠사슬에 묶여 무저갱에 던져지지는 않았으나 선고는 이미 내려진 것이 사실이다 (아직 형은 집행되지 않았다). 사탄의 운명은 의심의 여지가 없고, 사탄의 능력은 이미 믿는 자들에게 무력해졌다.

그리스도인들에게 사탄은 **패배한** 원수이다. 사탄은 십자가에서 그리스도에게 패배했다. "사망으로 말미암아 사망의 세력을 잡은 자 곧 마귀를 없이 하시며" (히 2:14). 주는 믿는 자들을 이미 "흑암의 권세에서 건져내사" 하나님께서 사랑하시는 아들의 나라로 옮기셨다 (골 1:13). 그러므로 사탄은 **패배한** 적으로 대해야 마땅하다. 더 이상 그는 우리들에게 합법적인 **요구**를 할 수 없다. 한때 우리는 그의 적법한 "포로"였으나, 그리스도께서 우리를 자유하게 하셨다. 한때 우리는 "공중권세 잡은 자들을 좇아" 행하였으나, 이제는 그리스도께서 우리에게 남기신 본을 따라야 한다. 한때 사탄은 "우리 안에서 역사했으나," 지금은 하나님께서 우리 안에서 하나님의 의지와 선하신 기뻐하심을 따라 일하신다. 이제 우리가 해야 할 일은 "마귀를 대적"하는 것뿐이고, 하나님께서는 마귀가 "너희를 피하리라"고 약속하신다 (약 4:7).

"다 이루었다." 이 외침 속에 사람들의 분노와 사탄의 적의에 대하여 승리하는 대답이 있었다. 심판의 자리에서 죄에 응하는 완벽한 사역을 이야기한다. 하나님께서 일하시는 방식 그대로, 선지자들이 예언한 그대로, 구약의 의식이 전조로 보여 준 그대로, 하나님의 거룩함이 요구하는 그대로, 죄인들에게 필요한 그대로 모든 것이 **완성되었다**. 십자가에 달리신 구주의 말씀 여섯 마디가 하나님이신 그리스도의 영광을 드러내는 요한복음에 있다는 것이 정말 잘 어울린다. 그는 자신의 사명 완수를 하나님께서 승인하시도록 맡기는 게 아니라, **스스로** 종지부를 찍고 완성을 선언하며 마무리되었음을 **스스로** 승인했다. 다름 아닌 하나님의 아들이 "다 이루었다"고 말씀하시는데, 누가 감히 그것을 의심하거나 문제 제기를 할 수 있을까.

"다 이루었다." 당신은 이것을 믿는가? 아니면 하나님의 은혜를 확보하기 위해 그리스도께서 이루신 일에 무언가를 더하려고 시도하는가? 당신이 해야 할 일은 그리스도께서 값을 치르신 죄 사함을 받아들이는 것뿐이다. 그리스도가 십자가를 지신 것만으로도 하나님은 만족하시는데, 당신은 왜 만족하지 못하는가? 하나님께서 사랑하시는 아들에 관한 하나님의 증거를 믿는 순간에, 당신이 지었던 모든 죄가 감추어지는 순간에 당신은 그리스도의 품 안에 안겨 있다! 당신의 영혼과 하나님 사이에는 어떤 이물질도 없다는 확신을 갖고 싶지 않은가? 모든 죄는 사함을 받았고 제거되었다는 것을 알고 싶지 않은가? 그렇다면 **하나님의 말씀**이 그리스도의 죽음에 대해 말하는 바를 믿으라. 당신의 감정이나 경험에 의지하지 말고 기록된 말씀을 의지하라. 평안을 찾는 길은 오직 하나뿐이며, 그것은 하나님의 어린양이 흘리신 피를 믿는 믿음을 통해서이다.

"다 이루었다." 당신은 **정말로** 이것을 믿는가? 아니면 당신의 힘으로 무언가를 더해서 하나님의 은혜를 받을 자격을 얻으려고 발버둥치는가? 몇 년 전에 어떤 그리스도인 농부가 구원받지 못한 목수에게 깊은 관심을 갖고 있었다. 농부는 그 이웃에게 하나님 은혜의 복음을 제시하고, 그리스도께서 이루신 일이 어떻게 그의 영혼이 의지하기에 **충분한지** 설명하려고 했다. 그러나 목수는 자신이 무엇인가 해야 한다고 고집을 부렸다. 어느 날 농부는 목수에게 문을 만들어 달라고 부탁하고 문이 완성되자 짐마차로 가져왔다. 그는 목수에게 그 다음 날 아침에 집으로 와서 문을 다는 것을 봐 달라고 부탁했다. 약속 시간에 도착한 목수는 농부가 날카로운 도끼를 손에 들고 있는 것을 보고 놀랐다. 그는 "뭐 하려는 거야?"라고 물었다. "자네가 만든 문을 좀 잘라 내리려고 하네"라고 답했다. "그럴 필요 없네"라고 목수는 말했다. "이 문은 이대로 딱 좋아. 내가 필요한 손질을 다 해놓았어." 농부는 들은 척도 안하고 도끼를 들어 문이 완전히 부서질 때까지 내리쳤다. "대체 무슨 짓이야!" 목수는 소리

질렀다. "내가 기껏 애써서 해 놓은 일을 다 망쳐 놓았다구!" 농부는 "맞아, 이게 바로 자네가 하려는 걸세. 그리스도께서 이미 이루신 일을 자네가 아주 딱한 일로 덧붙여서 다 망치려고 하네"라고 대답했다. 하나님께서는 이 무시무시한 도구의 이야기를 통해 그 목수에게 자신의 잘못을 보여 주셨고, 그는 그리스도께서 죄인들을 위해 이미 하신 일을 믿음으로 의지하게 되었다. **당신도 이와 같은 일을 할 것인가?**

7

만족의 말씀

The *Word* of *Contentment*

예수께서 큰 소리로 불러 가라사대,
　"아버지여, 내 영혼을 아버지 손에 부탁하나이다" 하고,
이 말씀을 하신 후 운명하시다.

누가복음 23:46

예수께서 큰 소리로 불러 가라사대, '아버지여, 내 영혼을 아버지 손에 부탁하나이다' 하고, 이 말씀을 하신 후 운명하시다" (눅 23:46). 이 말씀을 통해 주님이 마지막 숨을 거두시기 전에 하신 **마지막 행동**을 알 수 있다. 믿음에 대하여, 신뢰에 대하여, 사랑에 대하여 만족감을 나타내는 행동이었다. 그가 영혼이라는 귀중한 보물을 의탁한 분은 다른 아닌 자신의 아버지였다. **아버지는** 격려와 확신의 호칭이다. 아들이 아버지께 어떤 일을 부탁한다는 것은 당연하다. 더구나 아들 되시는 주님께서 아무리 값비싼 것이

라 할지라도 하늘의 아버지께 부탁하는 것은 더 말할 것도 없다. 아버지의 손에 의탁한 것은 바로 그의 "영혼"이었다. 그것도 육체에서 막 분리되려는 찰나에 있는 영혼이었다. 성경은 인간이 세 부분, "영과 혼과 몸"으로 이루어졌다고 말한다 (살전 5:23). 영과 혼이 어떤 점에서 다른지 잘라 말하기는 쉽지 않더라도 영과 혼은 분명히 다르다. 영은 복잡한 인간 존재에서 **가장 상위**에 해당하는 것 같다. 특히 인간을 짐승들과 구분하거나 인간과 하나님을 이어 주는 것이 바로 영이다. 영은 **하나님**께서 우리 안에 지으신 것이다 (슥 12:1). 그러므로 하나님을 "모든 육체의 생명(spirits)의 하나님"이라고 부른다 (민 16:22). 죽을 때 영은 영을 주셨던 하나님께로 돌아간다 (전 12:7). 구주가 아버지의 손에 자신의 영혼을 맡긴 것은 믿음의 행동이었다. "부탁하나이다." 모든 백성들에게 선례(先例)가 되도록 예정된 복된 행동이었다.

마지막으로 눈 여겨 보아야할 점은 그리스도께서 이러한 행동을 하신 **방법**이다. 그는 "큰 소리로" 말씀하셨다. 모든 사람들이 듣도록 그가 곤궁하게 되었고, 하나님께 버림받았다고 생각하는 적들에게 더 이상 그렇지 않고, 오히려 자신은 아버지께 여전히 소중한 자이며, 자신 있게 영혼을 아버지의 손에 맡길 수 있다는 것을 알려 주려고 말씀하셨다.

"아버지여, 내 영혼을 아버지 손에 부탁하나이다." 숨을 거두시기 전에 마지막으로 하신 말씀이었다. 십자가에 달려 있는 동안 그의 입술은 일곱 번 움직였다. 일곱은 **완성**이나 **완전**을 의미하는 숫자이다. 그러므로 어디에서나 그렇듯이 갈보리에서도 복된 자의 완전함이 드러났다. 또한 일곱은 일을 다 **이루고 쉼**을 의미하는 숫

자이다. 하나님은 엿새 동안 하늘과 땅을 창조하시고 일곱째 날에 "보시기에 좋았더라"고 말씀하시면서 만족하시고 안식하셨다. 그리스도도 마찬가지셨다. 사명이 그에게 주어졌고 지금 그 일이 완성되었다. 엿새째 날에 창조와 재건의 일이 종결된 것처럼 구주의 여섯 번째 말씀은 "다 이루었다"였다. 그리고 일곱째 날이 안식과 만족의 날이었던 것처럼 구주의 일곱 번째 말씀은 그를 안식의 처소인 아버지의 손으로 인도했다.

죽어가는 구세주는 일곱 번 말씀하셨다. 이중에 세 마디는 사람과 관련된 것이었다. 강도에게 그 날 낙원에서 주님과 함께 있을 것이라는 약속을 하셨다. 사랑하는 제자에게 어머니를 부탁했다. 구경꾼들에게 목마르다고 말씀하셨다. 다른 세 마디는 하나님께 청한 것이었다. 아버지께 살인자들을 위해 기도하셨다. 하나님께 애처로운 슬픔을 말씀드렸다. 그리고 지금 아버지의 손에 자신의 영혼을 부탁하신다. 하나님과 사람들과 천사와 사탄 앞에서 그는 승리의 감격을 외치셨다. "다 이루었다."

"아버지여, 내 영혼을 아버지 손에 부탁하나이다." 주목할 만한 것은 구주의 마지막 외침을 성육신이 있기 수세기 전에 예언자들의 영이 언급했다는 점이다. 시편 31편에서 다윗은 예견하며 말한다. "여호와여, 내가 주께 피하오니, 나로 영원히 부끄럽게 마시고, 주의 의로 나를 건지소서. 내게 귀를 기울여 속히 건지시고, 내게 견고한 바위와 구원하는 보장이 되소서. 주는 나의 반석과 구원하는 보장이 되소서. 주는 나의 반석과 산성이시니, 그러므로 주의 이름을 인하여 나를 인도하시고 지도하소서. 저희가 나를 위하여 비밀히 친 그물에서 빼어내소서. 주는 나의 산성이시니이다. 내가 나의 영을 주의 손에 부탁하나이다. 진리의 하나님 여호와여, 나를 구속하셨나이다"(1~5절).

십자가 위에서 구주께서 하신 각각의 말씀들과 관련된 예언들이 이루어졌다. 첫 번째, "아버지여, 저희를 사하여 주옵소서. 자기의 하는 것을 알지 못함이니이다"라고 외치심으로 이사야 53장 12절 "범죄자를 위하여 기도하였느니라"가 성취되었다. 두 번째, 강도에게 "오늘 네가 나와 함께 낙원에 있으리라" 약속하심으로 천사가 요셉에게 한 예언인 "이름을 예수라 하라. 이는 그가 자기 백성을 저희 죄에서 구원할 자이심이라"가 성취되었다 (마 1:21). 세 번째, 어머니에게 "여자여, 보소서. 아들이니이다"라고 말씀하심으로 시므온의 예언인 "또 칼이 네 마음을 찌르듯 하리라"가 성취되었다 (눅 2:35). 네 번째, "나의 하나님, 나의 하나님, 어찌하여 나를 버리셨나이까?"라고 물으셨는데, 이것은 시편 22편 1절의 말씀과 동일하다. 다섯 번째, "내가 목마르다"고 외치심으로 시편 69편 21절 "갈할 때에 초로 마시웠사오니"가 이루어졌다. 여섯 번째, "다 이루었다"라고 승리의 감격을 외치셨는데, 이것은 시편 22편의 놀라운 결론인 "이를 행하셨다"와 거의 흡사하다. 아니면 히브리어를 "이를 끝마치셨다"라고 번역할 수 있듯이 시편 22편은 그가 행했던 일, 즉 대속의 일을 보여 준다. 마지막으로, "아버지여, 내 영혼을 아버지 손에 부탁하나이다"라고 기도하셨다. 앞에서 말한 대로 그는 시편 31편에 그리스도에 대해 기록된 것을 그대로 인용했다. 놀라운 십자가의 신비이다! 결코 그 끝을 헤아릴 수 없을 것이다.

"아버지여, 내 영혼을 아버지 손에 부탁하나이다."

1. 구주께서 아버지와 영적인 교통을 회복하셨다

이것은 너무나도 귀하다. 거룩하신 하나님의 얼굴의 광채가 죄를 짊어진 자에게서 감추어져 잠시 영적 교통이 외적으로 보기에 단절되었지만, 이제 어둠은 물러가고 영원히 사라졌다. 십자가를 지기 전까지 아버지와 아들은 완벽하게 온전하게 영적으로 교통하고 있었다. 그리스도께서 아버지의 손으로부터 그 끔찍한 "잔"을 어떻게 받으셨는지 보는 것은 더없이 사랑스럽다. "아버지께서 주신 잔을 내가 마시지 않겠느냐?" (요 18:11) 처음 십자가에 매달려 계실 때만 해도 주 예수는 아버지와 계속 영적으로 교통하고 계셨다. "아버지여, 저들을 용서하옵소서"라고 외치지 않았는가. 십자가 위에서 맨 처음 하신 말씀이 "아버지여, 용서하옵소서"였고, 지금 마지막 말씀이 "아버지여, 내 영혼을 아버지 손에 부탁하나이다"이다. 그러나 이 두 말씀 사이에 그리스도는 여섯 시간 동안 십자가에 매달려 계셨다. 세 시간 동안은 사람과 사탄의 손에 고통당하셨고, 나중 세 시간 동안은 의의 칼이 "깨어나" 여호와의 동역자를 찔러 하나님의 손에 고난을 받으셨다. 나중 세 시간 동안 하나님은 구주로부터 물러나 계셨고, 그로 인해 뼈아픈 외침이 터져 나왔다. "나의 하나님, 나의 하나님, 어찌하여 나를 버리셨나이까?" 그러나 이제 모든 것이 끝났다. 잔은 비워졌고, 진노의 폭풍은 잠잠해졌으며, 어둠은 물러갔고, 구주는 다시 아버지와 영적 교통을 회복하셨다. 그리고 다시는 단절되지 않을 것이다.

"아버지." 주님은 이 말을 얼마나 자주 언급하셨는가! 성경에 맨 처음 기록된 예수님의 말씀은 "내가 내 아버지 집에 있어야 될 줄을 알지 못하셨나이까?"였다. 아마도 맨 처음 공식 설교였을 산상수훈에서 "아버지"를 열일곱 번 말씀하신다. 요한복음 14~16장에서 제자들에게 마지막으로 말씀하시는 동안 "아버지"라는 단어가 무려 마흔다섯 번이나 나온다! 이어서 그리스도의 위대한 대제사장의 기도가 나오는 요한복음 17장에서 아버지께 기도하시면서 아버지라는 단어를 여섯 번 더 언급하신다. 그리고 지금 운명하시기 전 마지막 순간에 또 말씀하신다. "아버지여, 내 영혼을 아버지 손에 부탁하나이다."

그의 아버지가 **우리의** 아버지라는 것이 얼마나 복된 일인가! 그의 아버지시기 때문에 우리의 아버지시다. 이 얼마나 놀라운 일인가! 위대하시고 살아계신 하나님을 보며 "아버지," **나의** 아버지라고 말할 수 있다니, 이 얼마나 말할 수 없이 귀한 일인가! 이 말에 담긴 위로는 얼마나 깊은가! 이 말에 담긴 확신은 얼마나 견고한가! 하나님은 나의 아버지시므로 나를 **사랑하신다.** 그리스도를 사랑하시는 **것처럼** 나를 사랑하신다 (요 17:23). 하나님은 나의 아버지시며 나를 사랑하신다. 그러므로 나를 **돌보신다.** 하나님은 나의 아버지시며 나를 돌보신다. 그러므로 나의 **모든** 필요를 공급하실 **것이다** (빌 4:19). 하나님은 나의 아버지시므로 나를 지켜 주셔서 해가 나를 상치 못할 것이며, 모든 것이 합력하여 나의 선을 이룰 것이다. 그의 자녀들이 더욱 깊이 그리고 실제적으로 복된 관계를 맺으면 사도들과 함께 기쁘게 외칠 것이다. "보라, 아버지께서 어떠한 사랑을 **우리에게** 주사 하나님의 자녀라 일컬음을 얻게 하셨는고? **우리가 그러하도다**" (요일 3:1).

"아버지여, 내 영혼을 아버지 손에 부탁하나이다."

2. 계획된 대조가 있다

열두 시간 이상 그리스도는 사람들의 손에 시달리셨다. 이것은 그리스도께서 제자들에게 미리 경고하신 것이다. "인자가 장차 사람들의 손에 넘기워 죽임을 당하고" (마 17:22~23). 이것은 그리스도께서 겟세마네 동산에서 엄숙한 시간에 언급하신 것이다. "이에 제자들에게 오사 이르시되, 이제는 자고 쉬라. 보라, 때가 가까웠으니, 인자가 죄인의 손에 팔리우느니라" (마 26:45). 이것에 대해 부활의 아침에 천사들은 여인들에게 말했다. "여기 계시지 않고 산 자를 죽은 자 가운데서 찾느냐? 여기 계시지 않고 살아나셨느니라. 갈릴리에 계실 때에 너희에게 어떻게 말씀하신 것을 기억하라. 이르시기를 인자가 죄인의 손에 넘기워 십자가에 못 박히고, 제 삼일에 다시 살아나야 하리라 하셨느니라 한대" (눅 24:6~7). 이것은 주 예수가 겟세마네 동산에서 그를 체포하려고 온 무리들에게 자신을 넘겨 주셨을 때 이루어졌다.

앞장에서 보았듯이 그리스도는 쉽게 체포를 피하실 수도 있었다. 그저 땅바닥에 엎드린 대제사장들의 군병들을 내버려 둔 채 조용히 걸어 나오기만 하면 되셨다. 그러나 그렇게 하지 않으셨다. 예정된 시간이 다가왔다. 도살자에게 양이 끌려가듯 이끌리도록 복종해야만 하는 시간이 온 것이다. 자신을 "죄인들의 손에" 넘기셨다. 그들이 주를 어떻게 대했는지는 이미 다 드러났다. 그들은 자신들의 기회를 최대한 누렸다. 하나님에 대한 인간의 증오를 적나라하게 뿜어냈다. "법 없는 자"(행 2:23)들의 손을 빌어 주를 못 박았다. 그러나 이제 모든 것이 끝났다. 인간은 최악의 일을 저질렀다. 그는 십자가를 지셨다. 예정된 일은 이루어졌다.

구주는 스스로 자신을 죄인들의 손에 넘기셨고, 지금은 스스로 자신의 영혼을 **아버지의 손**에 맡긴다. 이 얼마나 복된 대조인가! 다시는 결코 "사람들의 손"에 시달리지 않으실 것이다. 다시는 결코 악한 자들의 재량권에 좌지우지되지 않으실 것이다. 다시는 결코 수치를 당치 않으실 것이다. 그는 아버지의 손에 자신을 맡겼고, 아버지는 그의 권익(權益)을 돌보실 것이다. 그 이후의 복된 일들을 장황하게 이야기할 필요는 없다. 삼일 후에 아버지는 그를 죽음에서 일으키셨다. 그 후 40일이 지나 아버지는 그를 모든 천사와 능력과 이름 위에 높이 올리셔서 천국 그의 오른편에 앉히셨다. 지금도 아버지의 보좌에 좌정하셔서 적들이 그의 발아래 무릎을 꿇을 때를 기다리고 계신다 (계 3:21).

오래지 않아 하루아침에 형세는 역전될 것이다. 아버지는 세상이 내쳤던 자를 다시 보내실 것이다. 능력과 영광 중에 보내셔서 강력한 권세로 온 세상을 다스리고 통치하도록 하실 것이다. 그러면 상황은 뒤바뀔 것이다. 그가 이 땅에 계셨을 때는 사람들이 감히 그에게 죄를 물었지만, 그 때는 그가 좌정하셔서 사람들을 심판하실 것이다. 한때 그는 **사람들**의 손에 시달렸지만, 이제는 그들의 운명이 그의 손에서 결정될 것이다. 한때 그들은 "**그를 쫓아버리라**"고 외쳤지만, 이제는 그가 "**나를 떠나라**"고 말씀하실 것이다. 잠시 후면 그는 아버지의 품에 안기고 보좌에 좌정하셔서 성도들의 구원을 보게 된다.

"아버지여, 내 영혼을 아버지 손에 부탁하나이다."

3. 예수님은 하나님께 온전히 순종하셨다

그는 항상 하나님께 온전히 순종하는 모습을 보여 주셨다! 그의 어머니가 예루살렘에서 열두 살 소년이었던 그를 찾았을 때, 그는 "내가 내 아버지 집에 있어야 될 줄을 알지 못하셨나이까"라고 말했다. 광야에서 40일 동안 금식하시고 사탄이 돌들을 떡으로 만들라고 유혹할 때, 그는 모든 하나님의 말씀으로 살았다. 그가 행한 능한 일들과 그가 전한 메시지들이 청중들의 마음을 움직이지 못했을 때, 그는 자신을 보내신 이에게 "천지의 주재이신 아버지여, 이것을 지혜롭고 슬기 있는 자들에게는 숨기시고, 어린아이들에게는 나타내심이 감사하나이다"라고 말하며 순종하셨다 (마 11:25). 나사로의 누이들이 사람을 보내어 그 형제가 아프다고 알렸을 때 그는 서둘러 베다니로 가지 않으시고, 머물던 곳에서 이틀을 더 계시면서 "이 병은 죽을병이 아니라 하나님의 영광을 위함이요"라고 말씀하셨다 (요 11:4).

그가 행동하도록 마음을 움직인 것은 인간적인 애정이 아니라 바로 하나님의 영광이었다! 그의 양식은 그를 보내신 이의 뜻을 행하는 것이었다. 이 모든 것에서 그는 아버지께 순종했다. 아버지의 임재를 맛보기 위하여 "새벽 오히려 미명에 예수께서 일어나"신 것을 보라 (막 1:35). 큰 고비마다 미리 내다보고 기도로 자신의 마음을 채워서 준비하신 것을 보라. 체포되는 마지막 순간까지 하나님과 대면했던 것을 보라. "나는 마음이 온유하고 겸손하니, 나의 멍에를 메고 내게 배우라." 그리고 그는 살아계셨을 때처럼 아버지의 손에 자신을 내어드리면서 죽으셨다. 이것이 죽어가시는 구주의 **마지막**

행동이었다. 이 얼마나 놀랍도록 아름다운가. 이 얼마나 전 생애를 통해 일관적으로 철저했는가. 아버지에 대한 온전한 신뢰를 내비치셨다. 둘 사이에 있었던 복된 친밀감을 보여 주셨다. 하나님을 절대적으로 의지했음을 나타내셨다.

진실로 이 모든 것에서 그는 우리에게 본을 남기셨다. 구주는 살아계신 내내 그의 영혼이 아버지께 있었기 때문에 죽음에서도 아버지의 손에 자신의 영혼을 맡기셨다! 당신도 그러한가? **죄인**으로서 당신도 하나님의 손에 당신의 영혼을 맡겼는가? 그렇다면 당신의 영혼은 안전하다. 당신은 사도들처럼 이렇게 말할 수 있는가? "나의 의뢰한 자를 내가 알고, 또한 **나의 의탁한 것**을 그 날까지 저가 능히 지키실 줄을 확신함이라" (딤후 1:12, 강조 첨가). **그리스도인**으로서 당신은 하나님께 온전히 순종하고 있는가? "그러므로 형제들아, 내가 하나님의 모든 자비하심으로 너희를 권하노니, 너희 몸을 하나님이 기뻐하시는 거룩한 산 제사로 드리라. 이는 너희의 드릴 영적 예배니라" (롬 12:1).

이 말씀을 마음에 유념하는가? 당신을 사랑하시고 당신을 위해 자신을 전부 내어 주셨던 그분의 영광을 위해 사는가? **그가 없이는 아무 것도** 할 수 없지만 (요 15:5), 능력 주시는 그리스도 안에서 **모든 것을 할 수 있음**을 깨닫고 (빌 4:13), 매일 그를 의지하며 걸어가는가? 만약 당신의 삶 전체가 하나님께 순종하고 구주께서 당신의 백성들을 영접하시려고 재림하시기 전에 죽음이 당신에게 닥쳐온다면, 그 때에 당신은 쉽고도 **자연스럽게** 말할 것이다. "아버지여. 내 영혼을 당신의 손에 맡깁니다." 발람은 "나는 의인의 죽음 같이 죽기를 원하며"라고 말했다 (민 23:10). 의인의 죽음 같이 죽으려면 먼저 의인의 삶을 살아야 한다. 지속적인 철저한 순종과 하나님만을 의지하는 삶 말이다.

"아버지여, 내 영혼을 아버지 손에 부탁하나이다."

4. 구주만의 완전무결한 독특함을 보여 준다

주 예수는 다른 사람들처럼 죽지 않으셨다. 그는 생명을 빼앗긴 것이 아니었다. 자신의 목숨을 버리셨다. 주님은 이렇게 말씀하셨다. "아버지께서 나를 사랑하시는 것은 내가 다시 목숨을 얻기 위하여 목숨을 버림이라. 이를 내게서 빼앗는 자가 있는 것이 아니라 내가 스스로 버리노라. 나는 버릴 권세도 있고 다시 얻을 권세도 있으니, 이 계명은 내 아버지에게서 받았노라" (요 10:17~18, 강조 첨가). 그리스도께서 목숨을 빼앗기신 게 아니라는 다양한 증거들은 이미 이 책의 서문에서 언급했다. 그 중에서도 가장 설득력 있는 증거는 아버지의 손에 영혼을 맡기셨다는 것이다. 주 예수는 "아버지여, 내 영혼을 아버지 손에 부탁하나이다"라고 말씀하셨지만, 실제로 예수님께서 생명을 버리시는 장면을 묘사한 성령은 서로 다른 표현법을 사용하셨다. 이 세 가지 서로 다른 표현법은 우리가 이제 살펴보아야 할 사실들을 분명히 밝히고 있고, 성령께서 사용하신 다양한 어휘들은 각각의 복음서에 가장 적합한 것들이다.

마태복음 27장 50절에는 "예수께서 다시 크게 소리 지르시고 영혼이 떠나시다"라고 기록되어 있다. 그러나 이 번역은 원본의 의미를 잘 살리지 못한다. 헬라어로는 그가 "자신의 영혼이 떠날 것을 허락하시다"라는 의미이다. 이 표현은 주를 "다윗의 자손, 유대인의 왕"으로 나타낸 왕의 복음서인 마태복음에 가장 잘 맞는다. 주님의 행동이 마치 왕이 신하에게 물러날 것을 허락하는 것처럼 권위 있는 자를 상징하기 때문에 이런 단어가 왕의 복음서에 잘 어울린다.

주를 온전히 섬기는 자로 나타낸 마가복음에서 사용된 단어는 우리가 본문으로 사용한, 그리스도의 온전한 인성을 드러낸 누가복음과 같다. "운명하시다" 이것은 죽음을 **수동적으로** 감당하셨다는 것이다.

그리스도의 신적인 영광을 드러낸 복음서 요한복음에서 성령은 다른 단어를 사용하신다. "머리를 숙이시고 영혼이 돌아가시니라" (요 19:30). 하늘로 올리셨다는 것이 아마 더 정확할 것이다. 여기에서 구주는 인성을 드러낸 복음서처럼 아버지께 자신의 영혼을 "맡기지" 않으신다. 신적인 영광을 지닌 채, 죽음을 **이기시는 온전한 능력을 가지신 분으로서** 자신의 영혼을 "올리신다"!

속죄를 위하여 두 가지가 필요했다. 하나는 하나님의 진노한 거룩함과 훼손된 정의를 온전히 충족시켜야 한다. 오직 그만이 우리의 대속물이 되셔서 쏟아지는 하나님의 진노를 감당할 수 있었다. 그리고 주님은 이것을 해내셨다. 이제 다른 한 가지가 남았다. 바로 구주께서 죽음을 맛보시는 것이다. "한번 죽는 것은 사람에게 정하신 것이요, 그 후에는 심판이 있으리니" (히 9:27). 죄인들에게는 먼저 죽음이 있고, 그 이후에 심판이 있다. 구주에게는 당연히 그 순서가 뒤바뀌었다. 그는 우리의 죄에 대한 하나님의 심판을 감당하셨고, 그 이후에 죽으셨다.

이제 그 종국(終局)에 이르렀다. 죽음으로 정복될 수 없는 완전한 주인께서 지칠 줄 모르는 힘으로 크게 외치시고 자신의 영혼을 아버지의 손에 올리셨다. 여기에 그의 독특함이 드러났다. 어느 누구도 이렇게 하지도, 이렇게 죽지도 못했다. 그의 탄생은 독특했다. 그의 삶도 독특했다. 그의 죽음 역시 독특했다. 목숨을 "버리심으로" 그의 죽음은 다른 어떤 사람들의 죽음과도 구별되었다. 그는 자신의 의지의 행위로 죽으셨다! 하나님이 아니라면 누가 이렇게 할 수 있을까? 그저 인간이었다면 이것은 자살이었다. 그러나 그에게는 완전함과 독특함의 증거였다. 그는 생명의 왕처럼 죽으셨다!

"아버지여, 내 영혼을 아버지 손에 부탁하나이다."

5. 영원히 안전한 곳이 있다.

계속해서 구주는 하나님께서 그에게 "주시는" 자들에게 말씀하셨고 (요 6:37), 잡혀가시던 때에 "아버지께서 내게 주신 자 중에서 하나도 잃지 아니하였삽나이다"라고 말씀하셨다 (요 18:9). 죽음의 시간에 구주께서 아버지의 안전한 곳에 그들을 맡기시는 것을 보면 사랑스럽지 않은가! 그리스도는 자기 백성의 대표자로 십자가에 달리셨으므로 그의 마지막 행동 또한 **대표적인** 것으로 볼 수 있다. 주 예수께서 **그의** 영혼을 아버지의 손에 맡기셨을 때 그는 또한 **우리의** 영혼도 그의 영혼과 함께 아버지의 품 안에 드린 것이었다. 예수 그리스도는 자신을 위해서가 아니라 믿는 자들을 위해 살고 죽으셨다. 그의 마지막 행위는 자신뿐만 아니라 믿는 자들과 연관되어 있다. 그러므로 그는 선택된 백성들의 모든 영혼을 모아서 그들의 정식

채무 변제를 위해 자신의 영을 하나님께 드렸다고 간주해야 한다.

아버지의 손은 영원히 안전한 곳이다. 그 손에 구주는 자기 백성을 맡기셨으며 거기서 그들은 영원히 안전하다. 그리스도께서 선택된 자들을 언급하시면서 말씀하셨다. "저희를 주신 내 아버지는 만유보다 크시매 **아무도 아버지 손에서 빼앗을 수 없느니라**" (요 10:29, 강조 첨가). 그러므로 이것이 믿는 자들이 가지는 확신의 근거이다. 이것이 우리 확신의 기초이다. 여호와의 손이 방주의 문을 지키셨을 때 아무 것도 노아를 해할 수 없었듯이, 아무 것도 전능자의 손에 붙들린 바 된 거룩한 이의 영혼을 손댈 수 없다. 누구도 우리를 잡아 끌어내릴 수 없다.

우리는 연약하나 성경의 저자는 우리가 "하나님의 능력으로 보호하심을" 입었다고 분명히 선포하고 있다. "너희가 말세에 나타내기로 예비하신 구원을 얻기 위하여 믿음으로 말미암아 하나님의 능력으로 보호하심을 입었나니" (벧전 1:5). 한동안 잘 달리는 것 같아 보이는 프로 선수들도 지쳐서 경기를 포기할 수 있다. "부흥집회"로 육적인 흥분에 휩싸인 사람들은 "그들 안에 뿌리가 없기 때문에" 잠시 동안만은 참는다. 자신의 의지력이나 결단력에 의존하는 사람들, 마음을 고쳐먹고 좀 더 잘해 보고자 약속하지만, 자주 실패하는 사람들의 최후의 상황은 오히려 처음보다 더 나쁘다. 뜻이야 좋지만 진리를 모르는 권고자들의 "교회에 동참하라"거나 "그리스도인의 삶을 살라"는 말에 귀를 기울인 많은 사람들이 종종 진리로부터 벗어난다. 그러나 **중생한** 모든 영혼은 영원히 아버지의 손에서 안전하다.

"아버지여, 내 영혼을 아버지 손에 부탁하나이다."

6. 하나님과 영적으로 교통하는 복을 보여 준다

특별히 말하고자 하는 것은 하나님과의 영적 교통을 장소나 환경에 상관없이 누릴 수 있다는 사실이다. 구주는 십자가에 달리셔서 조롱하는 무리들에게 둘러싸여 있었고 극심한 육신의 고통을 당하고 계셨다. 그렇지만 아버지와 교제를 나누고 계셨다! 이것이 우리가 살펴본 성경 본문에서 얻을 수 있는 가장 아름다운 진실이다. 외부 환경이나 상황에 관계없이 항상 하나님과 교통함을 누릴 수 있다는 것이 우리의 특권이다. 하나님과 교통하는 것은 **믿음**으로 된다. 믿음은 눈에 보이는 것에 영향받지 않는다. 바깥으로 보이는 당신의 운명이 아무리 냉혹하다 할지라도 하나님과의 영적 교통을 누리는 것은 형언할 수 없는 당신의 특권이다. 세 명의 히브리인이 극렬한 풀무 가운데서도 하나님과의 교제를 즐겼듯이, 다니엘이 사자 굴에서 그랬듯이, 바울과 실라가 빌립보 감옥에서 그랬듯이, 구주께서 **십자가 위에서** 그러셨듯이, 당신도 당신이 있는 곳 어디에서나 하나님과 교제를 누릴 수 있다! 그리스도의 이마에는 가시면류관이 둘려 있었지만 그 안쪽에는 아버지의 손이 있었다!

본문은 **죽음의** 시간에 아버지와 교통하는 복된 진리와 사실을 매우 정확하게 가르치고 있지 않은가! 그러므로 그리스도인이 죽음을 두려워할 이유가 무엇일까? 구약 시대 하나님의 섭리 아래 살았던 다윗이 "내가 사망의 음침한 골짜기로 다닐지라도 해를 두려워하지 않을 것은 주께서 나와 함께 하심이라"고 말할 수 있다면 (시 23:4), 이미 그리스도께서 죽음의 가시를 뽑아내신 **지금에** 와서 믿는 자들이 왜 죽음을 두려워하는가! 죽음이 구원받지 못한 자들에게는 "최악의 두려움"일 수 있지만, 그리스도인들에게는 그저 사랑하는 분 앞에 나아가는 관문일 뿐이다. 죽음 앞에서 우리 영혼의 행동은 삶에서도 그렇듯이 본능적으로 하나님께 향한다. "아버지여, 내 영혼을 아버지 손에 부탁하나이다." 만약 우리가 의식이 있다면 이것이 우리의 외침이 될 것이다. 여기에서 잠시 사는 동안에 하나님의 품 외에는 안식처가 없다. 그리고 돌아갈 때 우리의 기대와 진정한 갈망은 **그와 함께** 있는 것이다. 간절한 그리움을 가지고 수없이 하늘을 바라보다가 임종의 시간이 다가오면 구원받은 자들의 영혼은 마치 강이 굽이굽이 돌아 마침내 바다에 뛰어들 듯이 사랑의 품 안에 뛰어든다. 오직 하나님만이 이 세상에서 우리 영혼을 채울 수 있고 우리가 돌아갈 때에 우리를 만족시킬 수 있다.

그러나 **믿는 자들**만이 임종의 시간에 하나님의 손에 영혼을 맡길 자격이 있고 맡길 힘을 얻는다. **믿지 않고 죽어가는 사람들**의 상황은 얼마나 슬픈지 모른다. 그들의 영혼 또한 하나님께 가지만 이것은 그들의 불행이지 특권이 아니다. 성경은 **이렇게** 말한다. "살아계신 하나님의 손에 빠져 들어가는 것이 무서울진저" (히 10:31). 사랑의 품 안에 안기는 것이 아니라 의의 손에 떨어지게 될 것이다.

"아버지여, 내 영혼을 아버지 손에 부탁하나이다."

7. 진정한 마음의 피난처를 제시한다

구주의 마지막 말씀이 죽어가는 그리스도인의 기도를 표현한다면, 이 말씀은 믿는 사람들의 영혼이 얼마나 큰 가치가 있는지 보여 준다. 내면의 영은 소중한 보물이며, 우리의 주된 걱정과 큰 염려는 안전한 손에 영이 보호되는 것이다. "아버지여, 내 영혼을 아버지 손에 부탁하나이다." 그러므로 이 말은 육신은 어찌 되든지 간에 **영**이 안전한지 믿는 자가 영을 걱정하는 것을 나타낸다고 볼 수 있다. 죽음이 가까운 하나님의 성도는 육신이 어디에 묻힐까, 어떻게 죽게 될까, 육신에 대한 생각은 거의 하지 않는다. 육신은 친구의 손에 맡긴다. 그러나 항상 영혼을 생각하고 있었듯이 죽음이 가까워서도 영혼을 생각하며 마지막 숨을 거둘 때 하나님의 돌보심에 영혼을 맡긴다. "주 예수여, 내 몸을 받으사 나의 흙덩이 육신을 돌보소서"가 아니라 "주 예수여, 내 영을 받아 주소서"이다. 주여, 보석함이 깨어질 때 보석을 보호하소서.

짧은 권면으로 마무리하겠다. 당신은 문제가 가득한 세상에 살고 있다. 삶 속에서 당신 자신을 돌볼 수 없으며, 죽음에서는 더욱 더 그렇다. 삶에는 많은 시행착오와 유혹이 있다. 당신의 영혼은 사방으로 위협받는다. 사면에 위험과 함정이 있다. 이 세상, 육신, 사탄은 연합하여 당신을 대적한다. 그들은 **당신의 힘**에 비해 너무나 강하다. 여기 어둠 속에 등불이 있다. 폭풍우 속에 안전한 항구가 있다. 사탄의 화전(火戰)에서 보호해 주는 복된 가리개가 있다. 삶의 질풍과 죽음의 공포 속에서 피난처 되시는 아버지의 손과 **마음의 진정한 피난처가** 있음을 하나님께 감사하라.

성경 색인

저자 인용 색인